일본 최고의 튀김명인에게 배우는

튀김의 기술

곤도 후미오 지음 | 용동희 옮김

天ぷら

GREENCOOK

아름다움, 향기, 감동을 전하는 튀김

어릴 적 꿈은 요리사였습니다. 6살 때 아버지가 돌아가시고 어머니가 홀로 저희 형제를 기르셨는데, 당시에는 지금처럼 먹을 것이 풍족하지 않은 시절이어서 먹고 사는 일 자체가 매우 힘들었습니다. 그래서 요리를 할 수 있고, 맛있는 음식을 만들 수 있다면 얼마나 좋을까 하고 요리사를 동경했던 것입니다.

학교를 졸업하고 도쿄 오차노미즈에 있는 야마노우에 호텔에 입사하였습니다. 그곳에서 요시다 도시오 사장의 '당신은 일식에 어울리는 얼굴이다'라는 말에, 〈일식 덴푸라 야마노우에〉에서 일하게 되었습니다.

하루하루 열심히 일하면서 휴일에는 일식에 대해 공부하기 위해 교토를 찾았고, 튀김 공부를 하려고 교토에 있는 튀김전문점을 찾아다니며 맛을 연구했습니다. 요리책도 몇 번이고 반복해서 정독하여 지식을 쌓았습니다.

그러던 어느 날 문득 왜 생선튀김은 많은데 채소튀김은 없을까 하는 의문을 갖게 되었습니다. 어느 전문점의 요리사에게 물어봤더니, '에도마에 덴푸라(도쿄식 튀김)는 원래 에도만(도쿄만)에서 잡은 생선으로 만드는 튀김'이라고 알려주셨습니다.

이해는 했지만 채소튀김을 만들고 싶다는 생각은 더욱 커지게 되었습니다. 지금까지처럼 '튀긴다'는 단순한 작업이 아니라, 튀김을 하나의 요리로 만들고 싶었습니다. 사장에게 그런 마음을 전하며 채소를 튀기고 싶다고 하니, 나의 의견에 찬성해 주었습니다.

당시에는 채소튀김을 손님 상에 내면 '튀김을 먹으러 왔는데……'라고 화내는 손님이 많았지만, 굴하지 않고 계속해서 채소튀김을 선보였습니다. 어떤 채소를 튀겨야 할지, 어떻게 튀기면 좋을지 늘 연구하였습니다.

그러던 중 채소향이 살아있는 튀김을 만들려면 반죽의 농도가 매우 중요하다는 것을 깨달았습니다. 채소의 향을 제대로 살리기 위해서는 튀김옷의 두께가 얇아야 했습니다. 하지만 그것도 손님들에게 불평거리가 되었습니다. '두꺼운 튀김옷이 있어야 진짜 튀김이다'라고 말하는 손님이 대부분이었습니다. 당시에는 튀김옷을 두툼하게 입혀서 배를 든든하게 채워주는 튀김이 주류였기 때문입니다. 그래도 굴하지 않고 계속했습니다.

그런 시간이 쌓여서 드디어 독립을 생각하게 되었습니다. 내가 만들고 싶은 요리를 내 가게에서 만들고 싶다는 마음을 갖게 된 것입니다. 자유롭게, 젊은 손님들도 즐길 수 있는 튀김을, 정말 제대로 된 튀김을 만들고 싶었습니다. 채소튀김을 만들기 위해 노력하는 동안 무농약 유기농 채소에도 관심을 갖게 되었습니다.

이런 생각이 실현되어 1975년 드디어 긴자에 〈덴푸라 곤도〉를 열었습니다.

그 후로 21년, 정말 다양한 튀김을 만들었습니다. 이 책은 그동안 갈고닦은 튀김 기술을 집대성하여 만든 것입니다. 지금 제가 현장에서 하고 있는, 튀김을 만들기 위한 모든 과정을 설명하였습니다.

제가 튀김을 만들 때의 저의 마음가짐은 '아름다움, 향기, 그리고 감동'입니다. 이런 마음이 담긴 튀김을 전할 수 있으면 좋겠습니다.

2013년 1월
덴푸라 곤도[てんぷら近藤] 곤도 후미오[近藤文夫]

■ 추천의 글

곤도 스타일의 튀김에 도전

처음 찾았던 〈덴푸라 곤도〉는 지금의 가게가 아니라 골목 안쪽 끝에 있던 예전의 가게였습니다. 미식가인 세노갓파[妹尾河童] 씨를 따라 처음 찾은 이후로 벌써 몇 년이 지났습니다.

여러 의미에서 강렬하고 신선했던 그 때의 첫인상을 지금도 생생하게 기억하고 있습니다. 이후 곤도의 맛은 물론 곤도 씨의 일하는 모습과 무엇보다 인품에 반하여 존경하게 되고 계속해서 찾게 되었습니다.

식사 중에 어떤 질문을 해도 친절하게 대답해주고 무엇이든 가르쳐주시기 때문에 식사가 매우 즐거웠고, 최고를 고집하는 식재료에 대한 이야기를 나누다 보면 흥분되는 마음에 나도 모르게 몸을 앞으로 쑥 내밀고 이야기에 열중하곤 했습니다.

그런 곤도 씨가 『튀김의 기술』이라는 멋진 책을 출간하게 되어서 정말 기쁩니다.

완벽함을 추구하는 사람들을 위해, 누구나 알기 쉽게, 이런 부분까지 다룰 필요가 있을까 생각할 정도로 매우 자세하게 설명하고 있습니다.

더구나 과정마다 사진을 곁들여서 설명하기 때문에, 이 책을 통해 나도 한 번 튀김을 만들어볼까 생각하는 사람도 많을 것입니다. 이 책을 읽은 분들이 〈곤도 스타일〉의 튀김에 꼭 도전해보기 바랍니다.

앞으로도 건강한 모습으로, 새로운 튀김을 맛보게 해주시길 기대합니다.

난젠지 · 효테이[南禪寺·瓢亭] 14대 대표
다카하시 히데카즈[髙橋英一]

차례

1 튀김의 기본

아름다움, 향기, 감동을 전하는 튀김 …………… 2
추천의 글 …………………………………… 4

계절별 튀김 재료 ………………………… 10
튀김의 기본 재료 ………………………… 18
반죽을 만드는 기술 ……………………… 19
    기본 반죽 ……………………………… 19
    되직한 반죽과 묽은 반죽 …………… 20
온도를 확인하는 기술 …………………… 22
조리대에 배치하는 기술 ………………… 24
튀김의 기본 기술 ………………………… 25

2 어패류 튀김

봄
갑오징어 …… 30
개량조개 관자 …… 33
백합 …… 36
뱅어 …… 38
벚꽃새우 …… 40
빙어 …… 42
새끼 은어 …… 44

여름
갯장어 …… 46
동갈양태 …… 50
바윗굴 …… 53
베도라치 …… 56
보리멸 …… 59
보리새우 …… 62

새끼 갑오징어 …… 66
작은 보리새우 …… 69
전복 …… 72
흰꼴뚜기 …… 76

가을
문절망둑 …… 80

겨울
가리비 관자 …… 84
굴 …… 87
대구 이리 …… 90
복어 이리 …… 92
붕장어 …… 94
새끼 뱅어 …… 97
쥐치 …… 99

3 채소 튀김

봄채소
감자 ·········· 104
그린 아스파라거스 ·········· 107
누에콩 ·········· 109
양하 ·········· 112
영콘 ·········· 114
주키니 ·········· 116
죽순 ·········· 118
차즈기 ·········· 121

봄나물
갯방풍 ·········· 124
고시아부라 ·········· 126
두릅 ·········· 127
머위 꽃봉오리 ·········· 129
멧미나리 ·········· 131
뱀밥 ·········· 132
산마늘 ·········· 134

시도케 ·········· 136
야생 땅두릅나물 ·········· 137
야생 파드득나물 ·········· 141
야치부키 ·········· 143
청나래고사리 ·········· 144
풀솜대 ·········· 145

여름
꼬투리강낭콩 ·········· 146
단호박 ·········· 148
미니 양파 ·········· 152
미니 피망 ·········· 154
생강 ·········· 156
섬조릿대 ·········· 158
연근 ·········· 160
오크라 ·········· 162
오크라꽃 ·········· 164
옥수수 ·········· 166

으름 ··· 170
은행 ··· 172
파드득나물 ······································· 174
하무가지 ·· 176

가을채소

밤 ··· 178
백합 뿌리 ·· 180
엉겅퀴 뿌리 ···································· 182
원추리꽃 ·· 184
참마 주아 ·· 186

가을버섯

나도팽나무버섯 ······························ 188
만가닥버섯 ······································ 191
송이버섯 ·· 193
잎새버섯 ·· 196
표고버섯 ·· 199

겨울

고구마 ·· 202
당근 ··· 206
미역귀 ·· 210
소귀나물 ·· 212
유채 ··· 214
장마 ··· 216

튀김용 맛국물

튀김용 맛국물 ································ 218
덴쓰유 ·· 219
돈쓰유 ·· 220
차다시 ·· 222

튀김 도구 ·· 224

INDEX ·· 226
튀김 요리사에게 가장 중요한 것은, ············ 227

일 러 두 기

● 튀김 재료를 어패류와 채소로 나누고, 각각을 다시 '봄', '여름', '가을', '겨울'로 나눠서 가나다 순서로 소개하였다. 튀김 재료의 이름 옆에 영문 이름을 표시하였는데, 영문 이름이 없을 경우에는 학명을 표시하였다.

● 튀김 재료는 〈덴푸라 곤도〉에서 실제로 제공하는 재료로 계절에 따라 분류하였다. 영업 중에는 제철보다 일찍 사용하거나, 계절 행사에 맞춰 사용하는 경우도 많다. 따라서 이 책에서 분류한 계절은 원래의 제철과 다를 수 있다. 보리새우처럼 1년 내내 사용하는 튀김 재료도 있는데, 이런 경우에는 튀김으로 만들었을 때 가장 맛있는 계절로 분류하였다.

● 각각의 튀김 재료에는 튀기는 과정을 요약하여 표시하였다. [밀가루]는 밀가루를 묻히는 과정이고, [반죽]은 반죽에 넣어 튀김옷을 입히는 과정, [기름]은 기름에 넣어 튀기는 과정을 의미한다. [반죽]에 표시한 반죽 농도는 1)매우 되직함, 2)되직함, 3)약간 되직함, 4)기본, 5)약간 묽음, 6)묽음, 7)매우 묽음 등 7단계로 구분하여 표시하였다. [기름]에는 튀기기에 적절한 온도를 표시하였다. '180℃→175℃'는 180℃ 기름에 넣고 중간에 온도를 175℃로 내려서 유지하며 튀기라는 의미이다. '170~175℃'는 170℃와 175℃ 사이의 온도에서 튀기라는 의미이다. 또한 180℃(강)은 180℃보다 조금 높은 온도를 의미하고, 180℃(약)은 180℃에 조금 못 미치는 온도를 의미한다.

● 용어설명

가키아게[かき揚げ] - 잘게 썬 조개관자·새우·채소 등의 재료를 반죽에 버무려서 튀기는 것 또는 튀긴 요리.
스아게[素揚げ] - 밀가루나 튀김옷을 입히지 않고 재료만을 튀기는 것 또는 튀긴 요리.
이케지메[活けじめ] - 활어의 머리에 칼이나 송곳 등을 찔러서 피를 빼는 것.

● 튀김 도구에 대한 설명은 p.224 참조.

1 튀김의 기본

계절별 튀김 재료

튀김은 계절을 느낄 수 있는 요리이다. 이 책에서는 여러 가지 어패류와 채소를 〈덴푸라 곤도〉에서 제공하는 계절에 맞춰 소개하였다. 제철보다 한 발 앞서서 사용하는 재료도 있다.

春 [어패류]

갑오징어
p.30

벚꽃새우
p.40

개량조개 관자
p.33

뱅어
p.38

백합
p.36

새끼 은어
p.44

빙어(알배기)
p.42

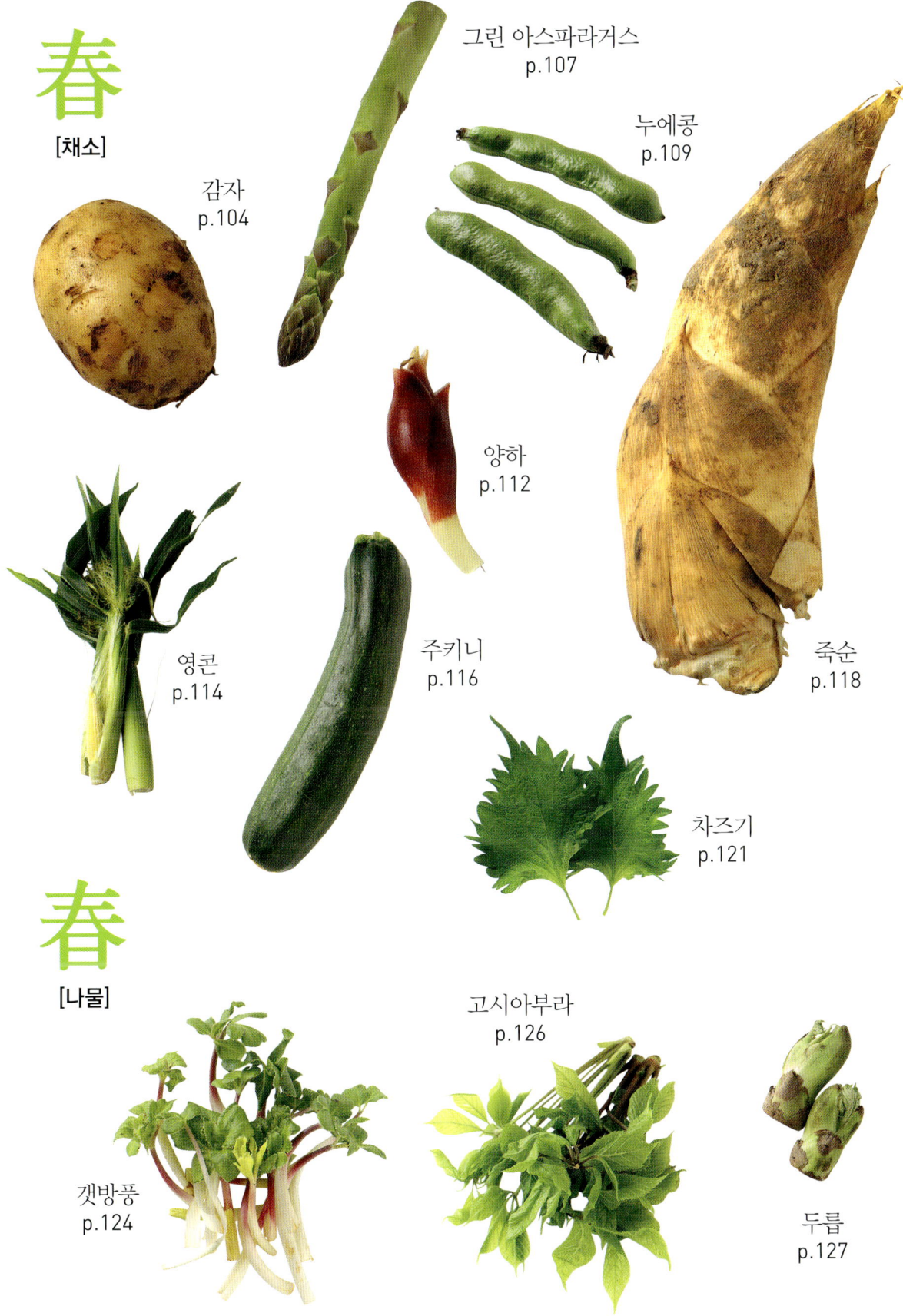

夏
[어패류]

바윗굴 p.53
동갈양태 p.50
베도라치 p.56
갯장어 p.46
보리새우 p.62
보리멸 p.59
작은 보리새우 p.69
새끼 갑오징어 p.66
전복 p.72
흰꼴뚜기 p.76

夏
[채소]

꼬투리강낭콩 p.146

단호박 p.148

미니 양파 p.152

생강 p.156

섬조릿대 p.158

미니 피망 p.154

연근 p.160

오크라 p.162

오크라꽃 p.164

옥수수 p.166

으름
p.170

은행
p.172

파드득나물
p.174

하무가지
p.176

秋

[어패류 · 채소]

문절망둑
p.80

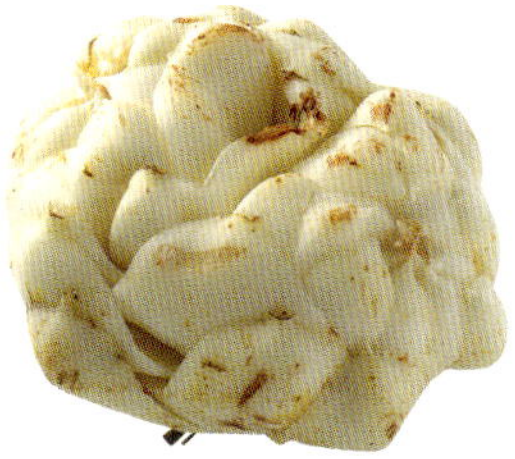

백합 뿌리
p.180

밤
p.178

참마 주아
p.186

원추리꽃
p.184

엉겅퀴 뿌리
p.182

튀김의 기본 17

튀김의 기본 재료

튀김에서 빼놓을 수 없는 재료가 밀가루, 달걀물, 기름이다. 이렇게 간단한 3가지를 여러 종류의 어패류와 채소류에 맞게 조절하여 재료 고유의 맛을 가장 잘 살린 튀김으로 완성하는 것이 튀김 전문 요리사의 기술이다.

밀가루
박력분을 사용한다. 밀가루를 체에 치면 공기가 균일하게 들어가 달걀물과 잘 섞인다.

달걀물
잘 섞인 상태에서 사용하는 것이 중요하다. 달걀을 푼 다음에 물을 넣는 것이 아니라, 물에 달걀을 넣고 섞는 것이 포인트이다.

달걀흰자는 달걀노른자에 비해 잘 풀어지지 않지만, 물에 넣으면 달걀노른자보다 오히려 달걀흰자가 잘 섞이기 때문에 이 순서로 달걀물을 만든다.

두꺼운 젓가락 등으로 충분히 저으면 거품이 생기기 시작한다. 거품이 많이 생길수록 달걀흰자가 잘 섞인 상태이다.

기름
100% 참기름(다케모토유지)을 사용한다. 볶은 참기름(교쿠탄)과 볶지 않은 생참기름(다이하쿠)을 1:3의 비율로 섞는다.

교쿠탄 참기름은 저온에서 참깨를 볶아 짜낸 색이 옅은 참기름으로, 볶지 않은 다이하쿠 생참기름과 섞으면 맛이 깊어지고 고소한 향이 난다. 예를 들어 붕장어의 경우, 볶지 않은 생참기름만으로 튀기면 생각처럼 바삭하게 튀겨지지 않는다. 맛있는 붕장어 튀김을 만들기 위해서는 볶은 참기름을 넣어야 한다.

기름은 영업시간 중에 자주 갈아준다. 재료의 향을 가장 중요하게 생각하기 때문에 보충하지 말고 교환해야 한다. 예를 들어 손님이 15명인 코스 중심의 점심이라면 1번 회전하는 동안 3~4번 정도 기름을 교환한다. 저녁에는 요리사의 추천 메뉴인 '오마카세' 손님이 많아서 기름이 빨리 상하므로 5~6번 정도 기름을 교환한다.

기름은 사용할 때 섞는 것이 아니라 미리 섞어서 준비해놓는 것이 편리하다.

밀가루

달걀물
물 2L
달걀(큰 것) 4개

기름
볶은 참기름(교쿠탄) 1 +
볶지 않은 생참기름(다이하쿠) 3

반죽을 만드는 기술

기본 반죽

체에 친 밀가루와 달걀물을 1:1로 섞는 것이 기본 반죽의 배합.

기본 반죽으로 튀김옷을 입혀 튀긴 보리멸. 기본 반죽으로 튀기면 재료의 색깔이 보이지 않을 정도의 질감으로 튀겨진다.

1 달걀물을 볼에 넣고, 체에 친 밀가루를 몇 번에 나눠 넣는다. 밀가루에 달걀물을 넣으면 잘 섞이지 않기 때문에, 달걀물에 밀가루를 넣는다.

2 거품기를 눕혀서 잡고, 8자를 그리듯이 움직여서 끈기가 생기지 않게 대충 섞는다.

3 위에 뜬 밀가루는 거품기로 톡톡 쳐서 밑으로 가라앉힌다.

4 기본 반죽. 덩어리가 조금 남아 있어도 관계없다.

5 두꺼운 젓가락을 반죽에 담갔다 들었을 때 중간에 끊어지지 않고 주르륵 떨어지는 정도여야 한다.

되직한 반죽과 묽은 반죽

영업 중에는 하나의 볼에 되직한 반죽, 기본 반죽, 묽은 반죽의 영역을 각각 만들어둔다. 이렇게 해서 수분 함유량이나 모양이 제각각인 튀김 재료를 알맞은 농도의 반죽에 넣고 튀김옷을 입혀 재빨리 튀기는 것이다. 재료마다 반죽을 새로 만들면 시간이 너무 오래 걸린다.

1 기본 반죽의 1/3에 국자 1개 분량의 밀가루를 넣으면, 이 부분이 되직한 반죽이 된다(A). 볼 전체의 농도가 같아지도록 섞으면 안 된다. 한쪽 가장자리에만 밀가루를 섞는다.

2 옆에는 달걀물 2큰술을 넣어 묽게 만든다(B). 이 부분이 묽은 반죽으로 채소류는 이 반죽에 넣어 튀김옷을 입힌다. 나머지 부분(C)은 기본 반죽의 농도를 그대로 유지한다.

되직한 반죽의 기준

두꺼운 젓가락에 많이 묻어나고 덩어리가 남는다.

튀김옷이 두껍게 입혀진다.

기본 반죽의 기준

두꺼운 젓가락에 매끄럽고 균일하게 묻어난다.

튀김옷이 얇고 매끄럽게 입혀진다.

묽은 반죽의 기준

주르륵 떨어져서 두꺼운 젓가락에 반죽이 거의 남지 않는다.

매끄러운 면에는 튀김옷이 거의 입혀지지 않는다.

개량조개 관자 가키아게용 반죽의 기준

튀김용 국자로 떴을 때 반죽이 밑으로 주르륵 흘러내린다. 개량조개 관자 가키아게의 경우에는 튀김옷이 너무 얇으면 재료가 타고 너무 두꺼우면 관자의 색깔이 잘 보이지 않기 때문에, 기본 반죽과 매우 묽은 반죽의 중간 정도(묽은 반죽)가 좋다. 단, 빨리 익는 파드득나물이나 당근 등의 채소를 가키아게로 튀길 때는 좀 더 묽은 반죽을 사용한다.

완성된 개량조개 관자 가키아게. 튀겼을 때 관자의 오렌지 색이 곱게 비쳐 보일 정도의 농도가 적당하다.

온도를 확인하는 기술

튀김은 재료의 수분 함유량 등에 따라 튀기는 온도가 달라진다. 채소류는 170℃ 정도부터, 붕장어는 190℃ 정도의 높은 온도에서 튀긴다. 170℃ 이하에서 튀기는 재료는 없다.

여기서는 기름에 기본 반죽을 떨어뜨렸을 때 생기는 기포의 상태를 보고 온도를 확인하는 기술을 설명하였다.

160℃

튀김을 하기에 지나치게 낮은 온도

반죽이 힘없이 바닥에 천천히 가라앉았다가 천천히 위로 떠오른다. 반죽을 기름에 떨어뜨렸을 때도, 천천히 위로 떠오를 때도 기포가 거의 생기지 않는다. 이 온도에서 튀기면 튀김옷에 기름이 흡수되어 끈적끈적하게 튀겨진다.

170℃

대부분의 채소를 튀기기에 적당한 온도

반죽을 떨어뜨리면 기포가 조금씩 생기면서 냄비 바닥까지 가라앉았다가 바로 위로 떠오른다.

GREEN

자연과 함께하는 참살이 그린 라이프

다육식물 715 사전
다나베 쇼이치 감수 | 190×257 | 176쪽 | 18,000원

715종의 다육식물 도감과 관리방법, 기초 지식, 모아심기 방법을 수록.

내 손으로 직접 번식시키는 꺾꽂이 접붙이기 휘묻이
다가야나기 요시오 지음 | 210×257 | 256쪽 | 25,000원

인기 나무, 관엽식물, 화초 142종의 번식방법을 그림과 사진으로 설명.

관엽식물 가이드 155
김현정 감수 | 210×257 | 196쪽 | 19,000원

생기 넘치는 초록잎을 즐길 수 있는 관엽식물 155종을 소개하는 책.

사진으로 배우는 분재의 기술
Tokizaki Atsushi 감수 | 210×257 | 208쪽 | 23,000원

사진과 그림, 풍부한 작품 예시로 초보자도 따라 할 수 있는 분재 교과서.

내 손으로 직접 수확하는 과수재배대사전
Kobayashi Mikio 감수 | 210×257 | 272쪽 | 25,000원

인기 과수 82종의 재배방법을 1240장의 사진과 340개의 그림으로 설명.

내 손으로 직접 하는 나무 가지치기
김현정 감수 | 210×257 | 192쪽 | 19,000원

실제 나무 사진과 상세한 그림으로 가지치기를 알기 쉽게 해설.

약용식물대사전 [판매종료 임박]
다나카 고우지 외 1명 지음 | 210×259 | 288쪽 | 29,000원

약용식물의 특징과 효능부터 이용방법까지 사진과 함께 자세히 설명.

채소재배 대백과
정영호·홍규현 감수 | 210×259 | 504쪽 | 38,000원

인기 채소 114종의 재배과정을 사진과 그림으로 알기 쉽게 설명.

한눈에 보는 버섯대백과
김현정 감수 | 182×257 | 368쪽 | 32,000원

300여 종의 버섯을 소개한 버섯도감. 독버섯 카탈로그로 유용하다.

붕장어를 튀기거나, 많은 재료를 계속 튀기기에 적당한 온도

반죽을 떨어뜨리는 순간, 표면에 작은 기포가 많이 생긴다. 바닥에 가라앉지 않고 위로 떠올라 기포가 많이 생긴다. 가벼운 반죽은 밑으로 가라앉지 않고 기름 표면에서 흩어진다. 조금씩 뭉쳐서 떨어진 반죽은 중간까지 가라앉다가 기포와 함께 곧바로 다시 위로 떠오른다. 기포는 계속해서 많이 생긴다. 옆에서 보면 표면에 생기는 기포의 힘과 양을 알 수 있다.

조리대에 배치하는 기술

튀김은 밀가루를 묻히고, 반죽에 넣어 튀김옷을 입힌 다음, 기름에 넣어 튀기는 순서로 만들어진다. 따라서 이 작업이 원활하게 이루어질 수 있도록 조리대에 도구를 배치해야 한다.

〈덴푸라 곤도〉에서는 튀기는 사람을 기준으로 조리대 왼쪽에 밀가루, 반죽, 달걀물을 배치하고, 조리대 오른쪽에 냄비, 거름망, 기름제거통, 튀김용 젓가락을 배치한다. 왼쪽에서 오른쪽으로 작업이 자연스럽게 이루어지도록 배치하는 것이다. 이 배치는 오른손잡이 기준이다.

가운데에 거름망과 기름제거통을 두고, 양쪽에 냄비, 냄비 오른쪽에는 튀김용 젓가락을 둔다. 오른쪽에 보이는 주걱은 조리하다 떨어진 반죽, 기름, 밀가루 등을 청소하기 위한 것이다. 냄비 위에는 카운터에 기름이 튀지 않도록 탈부착이 가능한 투명 아크릴판 2장을 설치하였다.
영업 중에는 냄비를 2개 준비하고, 기름의 온도를 달리한다. 오른쪽 냄비는 낮은 온도(170~175℃ 전후), 왼쪽 냄비는 높은 온도(180~190℃ 전후)로 맞추고, 각각의 온도에 알맞은 재료를 넣어서 튀긴다. 계속해서 튀기면 왼쪽 냄비의 온도도 낮아지는데, 그럴 경우에는 임시방편으로 오른쪽 냄비를 180℃까지 올리고 튀김 재료를 오른쪽 냄비로 옮겨서 튀긴다.

(왼쪽 조리대)
냄비 왼쪽에 반죽 재료를 모두 배치한다. 왼쪽 위부터 튀김용 국자, 국자, 물통과 거품기, 체에 친 밀가루를 넣은 볼. 왼쪽 아래에는 달걀물을 넣은 통, 오른쪽 아래에는 반죽용 볼(달걀물을 넣어 준비해 둔 것).
도구가 미끄러지지 않도록 조리대에 젖은 면보를 깔아둔다.

튀김의 기본 기술

1~8까지의 동작을 빠르고 리드미컬하게 진행해야 한다. 순간의 타이밍이 생명인 튀김을 위해 꼭 필요한 기술이다.

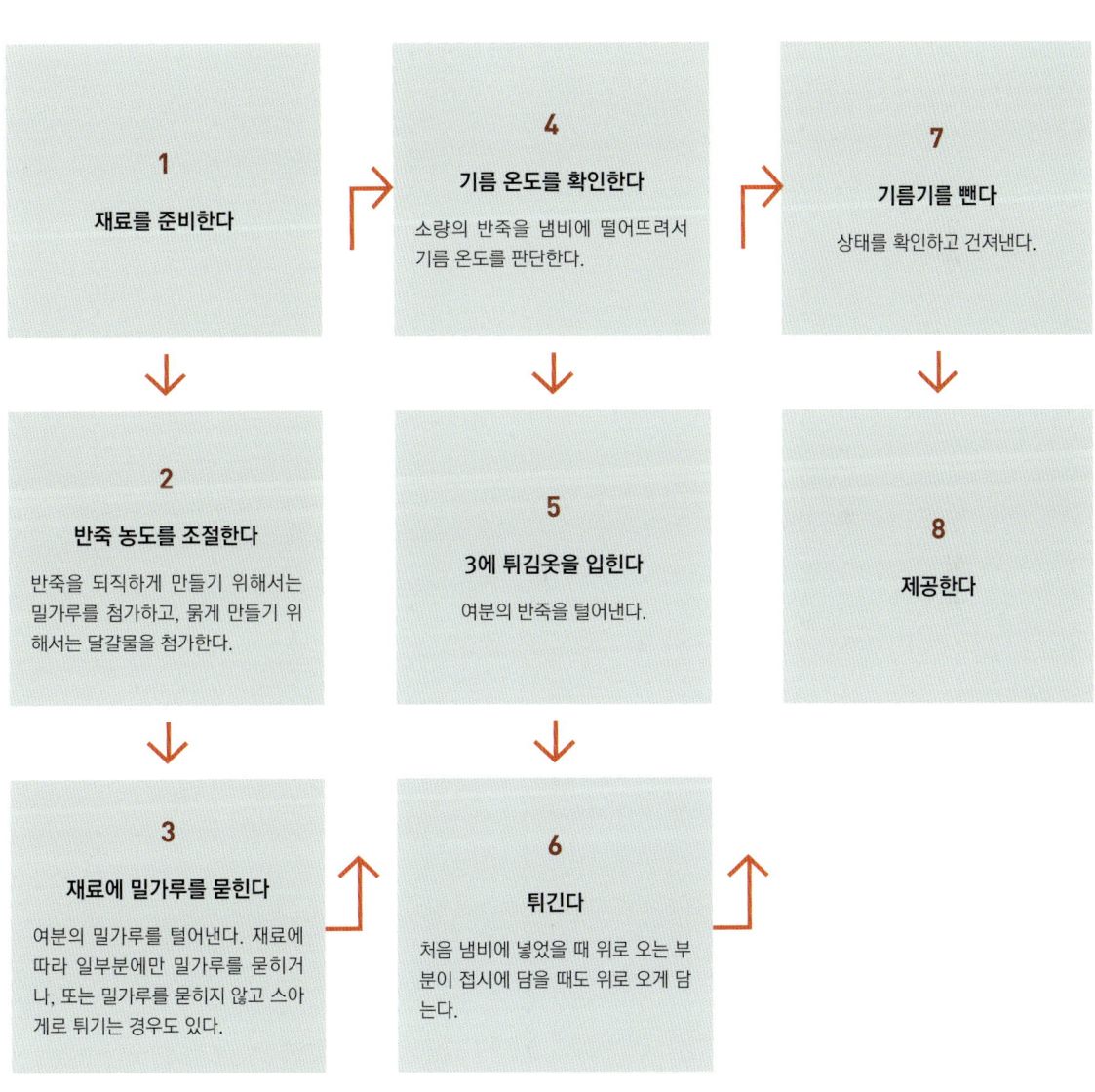

1 재료를 준비한다

2 반죽 농도를 조절한다
반죽을 되직하게 만들기 위해서는 밀가루를 첨가하고, 묽게 만들기 위해서는 달걀물을 첨가한다.

3 재료에 밀가루를 묻힌다
여분의 밀가루를 털어낸다. 재료에 따라 일부분에만 밀가루를 묻히거나, 또는 밀가루를 묻히지 않고 스아게로 튀기는 경우도 있다.

4 기름 온도를 확인한다
소량의 반죽을 냄비에 떨어뜨려서 기름 온도를 판단한다.

5 3에 튀김옷을 입힌다
여분의 반죽을 털어낸다.

6 튀긴다
처음 냄비에 넣었을 때 위로 오는 부분이 접시에 담을 때도 위로 오게 담는다.

7 기름기를 뺀다
상태를 확인하고 건져낸다.

8 제공한다

튀기는 순서

①아스파라거스, ②가지, ③연근, ④피망을 예로, 튀기는 순서를 사진과 함께 설명한다(2인분 기준). 사진의 배치는 오른손잡이 기준.

　아스파라거스는 가늘고 길어서 반죽이 흩어지는 면적이 넓기 때문에, 다른 재료에 들러붙지 않도록 가장 먼저 튀긴다. 튀김옷이 굳어지기 시작하면 튀기는 데 시간이 가장 오래 걸리는 가지를 넣고, 그 다음으로 시간이 많이 걸리는 연근을 넣는다. 가장 마지막에 넣는 피망은 표면이 매끄러워 튀김옷이 벗겨지지 쉬우므로, 최대한 움직이지 않도록 주의하면서 냄비를 옮기지 말고 단시간에 튀긴다.

　튀기는 시간이나 온도는 채소가 갖고 있는 알싸한 맛(가열하면 감칠맛으로 변한다)과 수분 함유량에 따라 결정한다. 알싸한 맛이 있는 채소는 충분히 튀겨서 감칠맛을 낸다. 단, 나물류의 경우 새순을 많이 먹기 때문에 그 경우는 제외한다.

1　밑손질을 마친 재료를 틀에 올려 왼쪽 앞에 놓는다. 반죽의 농도를 조절한다.

2　먼저 재료를 넣을 A냄비에 반죽을 떨어뜨려 180℃를 확인한다. 여러 개를 튀겨야 하므로 채소를 튀기는 적정온도보다 약간 높게 조절한다.

2개의 냄비로 적정온도를 유지하는 방법

튀기는 사람을 기준으로 보았을 때 왼쪽 냄비(A)는 180℃, 오른쪽 냄비(B)는 170℃이다(사진1).

　기본적으로는 먼저 A냄비에 넣어서 튀김옷이 굳어지면, B냄비로 옮겨서 익히는 정도를 조절하는 것이 순서이다. 온도가 높은 A냄비에 튀김옷을 입힌 재료를 넣어 익히는 것인데, 재료의 양이 많으면 당연히 기름 온도가 낮아진다. 그래서 적정온도를 유지하기 위해 튀김옷이 굳어지면 B냄비로 옮기는 것이다.

　2개의 냄비를 사용하는 것은 영업 중에 많은 양의 재료를 튀기는 데 필요한 적정온도를 유지하기 위해서이다. 상황에 따라 양쪽 냄비를 옮겨가며 항상 알맞은 온도로 튀기면, 튀김옷에 기름이 흡수되지 않고 나아가서는 재료의 맛을 잘 살릴 수 있게 된다.

　기름 온도가 너무 낮으면 튀기는 시간이 길어져서 튀김옷에 기름이 흡수된다. 또 온도가 너무 높으면 재료와 튀김옷 사이가 벌어져서 그 사이에 기름이 고이게 된다. 적정온도를 유지하는 것은 매우 중요한 일이다.

　2장과 3장에서는 1개의 냄비를 사용하여 적정온도를 유지하는 방법을 알기 쉽게 설명하였다.

3　왼손으로 아스파라거스 2개를 집어서 밀가루를 묻힌다. 오른손은 두꺼운 젓가락으로 반죽의 농도를 확인한다.

4　밀가루를 묻힌 2개의 아스파라거스를 손으로 잡고, 두꺼운 젓가락으로 1개씩 집어서 여분의 밀가루를 턴다.

5　1개씩 반죽에 넣어서 튀김옷을 입힌 다음, 여분의 반죽을 턴다.

6 A냄비에 아스파라거스를 띄우듯이 넣는다. 다른 1개도 같은 방법으로 튀김옷을 입혀서 A냄비에 넣는다.

11 A냄비의 튀김부스러기를 건져낸다. A냄비의 온도가 다시 올라가기 시작한다.

16 A냄비의 피망이 알맞게 튀겨지면, 피망 2인분을 건져서 기름기를 뺀다.

7 가지에 밀가루와 튀김옷을 입혀서 A냄비에 넣는다. 나머지 1인분의 가지도 밀가루와 튀김옷을 입혀 A냄비에 넣는다.

12 두꺼운 젓가락으로 A냄비에 반죽을 떨어뜨려 온도를 확인한다(180℃). 왼손으로는 피망에 밀가루를 묻힌다.

17 B냄비에서 연근 2인분을 건져 기름기를 뺀다. 연근은 다른 채소보다 조금 더 오래 튀겨야 한다.

8 연근에 밀가루에 묻히고 튀김옷을 입혀서 A냄비에 넣는다. 나머지 1인분의 연근도 같은 방법으로 넣는다. A냄비의 온도가 낮아지기 시작한다.

13 피망에 튀김옷을 입혀 A냄비에 넣는다. 나머지 1인분도 같은 방법으로 튀김옷을 입혀 A냄비에 넣는다.

18 가지는 175℃ 정도에서 충분히 튀긴다. 알맞게 튀겨지면, 가지 2인분을 B냄비에서 건져 기름기를 뺀다.

9 170℃를 유지하기 위해 튀김용 젓가락으로 아스파라거스 2인분을 170℃를 유지하고 있는 B냄비로 옮긴다.

14 튀김용 젓가락으로 가지 2인분을 A냄비에서 B냄비(170~175℃)로 옮긴다.

10 연근 2인분도 같은 방법으로 B냄비로 옮긴다. A냄비(160℃까지 내려간 상태)에는 가지 튀김만 남아있다.

15 알맞게 튀겨지면 B냄비에서 아스파라거스 2인분을 건져서 기름기를 뺀다.

※ 건져낸 튀김은 모두 기름기를 빼고 순서대로 종이를 깐 접시에 올려 바로 손님 테이블에 제공한다.

제공 순서

코스 또는 단품요리에서 손님에게 튀김을 제공하는 순서는 보통 보리새우부터 시작된다. 붉은색이 곱고 강렬한 인상을 주기도 하며, 무엇보다도 일본사람들은 새우를 좋아하기 때문이다. 그 다음 순서는 새우와의 색대비를 생각해서 선명한 초록색을 띤 아스파라거스 등을 낸다.

일반적으로 이렇게 어패류와 채소류를 섞어서 코스를 구성한다. 어패류의 경우 비교적 낮은 온도에서 튀기는 보리멸, 다음은 동갈양태, 마지막은 높은 온도에서 튀기는 붕장어 등과 같이 낮은 온도에서 튀기는 재료부터 높은 온도에서 튀기는 재료의 순서로 제공한다.

보리멸은 몸통이 가늘어 여성적인 이미지가 있으므로 낮은 온도에서 부드럽게 튀긴다. 또한 넙적한 생선이기도 하므로 냄비 면적을 생각해서 튀겨야 한다.

동갈양태는 남성적 이미지의 생선으로 보리멸보다 높은 온도로 튀겨서 더 노릇노릇하게 색을 내고 고소하게 완성한다.

붕장어는 그보다 더 높은 온도에서 바삭하게 튀겨야 맛있다.

먹는 순서도 부드러운 것부터 시작해서 점점 씹는 맛이 있는 튀김 순으로 먹는 것이 좋다고 생각한다.

채소의 경우에는 줄기채소부터 시작하여 열매채소, 뿌리채소를 순서대로 낸다. 뿌리채소는 비교적 알싸한 맛이 강한 것이 많은데, 알싸한 맛은 가열에 의해 감칠맛으로 변한다. 따라서 알싸한 맛이 있는 채소는 감칠맛이 있는 것이므로, 감칠맛이 있는 튀김은 마지막에 낸다.

이상이 대략적인 순서인데, 무엇보다 중요한 것은 제공하는 타이밍이다. 사람에 따라 먹는 속도가 다르기 때문에 음식을 먹다가 중간에 쉬는 일이 없도록 알맞은 속도로 제공해야 한다. 먹는 속도보다 튀기는 속도가 빨라도 접시에 튀김이 쌓여서 오히려 식욕을 잃게 된다.

카운터에 서서 튀김을 제공할 때는 모든 손님의 상황을 철저하게 파악하여 알맞은 타이밍에 튀김을 제공해야 한다.

2 어패류 튀김

갑오징어

Cuttlefish

등부분에 이름처럼 단단한 석회질로 된 뼈(갑)가 있는 오징어. 정식 이름은 '참갑오징어'이지만 흔히 '갑오징어' 또는 '참오징어'라고 부른다. 봄철에 많이 먹는데, 1~2월의 갑오징어도 맛이 좋다. 8월 말에 잡히는 새끼 갑오징어를 일본에서는 '신이카(p.66 참조)'라고 부르는데, 살은 얄팍하지만 먹으면 살살 녹는 것처럼 부드럽고 맛이 좋다.

높은 온도에서 재빨리 튀긴다. 튀김옷은 바삭하게, 갑오징어의 속살은 날것의 투명한 느낌이 남을 정도로 익히는 것이 좋다.

밀가루 → 반죽 되직함 → 기름 190℃

단단한 갑(뼈)이 있어서 '갑오징어'라고 부른다.

봄

밑손질

밑손질을 마친 갑오징어.

5 손가락으로 가장자리부터 껍질을 벗긴다.

10 얇은 껍질이 끊어지지 않게 한 번에 벗긴다.

1 뼈(갑) 위에 세로로 칼집을 낸다. 뼈의 양쪽을 손가락으로 눌러서 빼낸다.

6 어느 정도 껍질이 벗겨지면 뒤집은 다음, 몸통을 누르고 껍질을 잡아당겨 벗긴다.

11 바깥쪽에서 안쪽의 얇은 껍질이 잘리지 않을 정도로 칼집을 낸다.

2 먹물주머니가 터지지 않도록 주의해서 얇은 막을 벗긴다.

7 안쪽이 위를 향하게 놓고, 양쪽 가장자리의 딱딱한 부분을 잘라낸다.

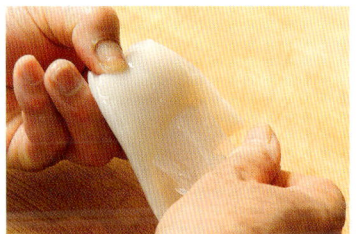
12 안쪽의 얇은 껍질을 벗긴다.

3 다리를 잡아당겨서 내장과 함께 떼어낸다.

8 몸통 아랫부분의 안쪽에, 바깥쪽 얇은 껍질이 잘리지 않을 정도로 칼집을 낸다.

13 반으로 자른다.

4 분리한 상태.

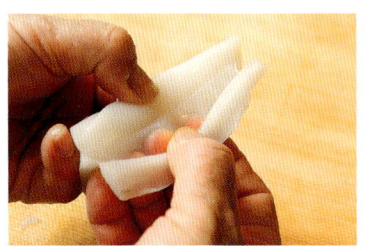
9 사진처럼 칼집 낸 부분을 잡고 바깥쪽 얇은 껍질을 벗긴다.

튀김의 기술

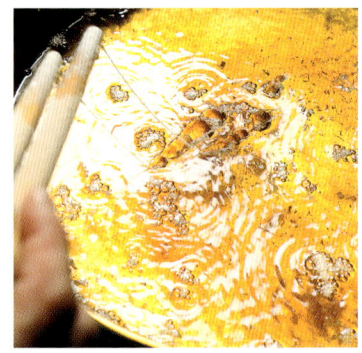

1 기름 온도는 190℃. 온도를 확인하기 위해 반죽을 떨어뜨린다.

4 오징어를 190℃ 기름에 재빨리 넣는다. 처음에는 기포가 많이 생긴다.

2 중간까지 가라앉은 반죽이 곧바로 위로 흩어지며 떠오를 때의 온도가 190℃이다.

5 기포가 조금 잦아들면 바로 건진다.

3 오징어에 밀가루를 묻히고 여분의 밀가루를 턴다. 되직한 반죽에 넣어 튀김옷을 입힌다.

6 기름기를 뺀다. 그대로 두면 오징어는 남은 열에 의해 좀 더 익는다. 속에 투명한 느낌이 남아 있을 정도로 익혀서 제공하는 것이 좋다. 먹기 좋게 반으로 자른다.

개량조개 관자

Adductor muscle / Surf clam

일본에서는 '고바시라'라고 부르는 개량조개 관자는 봄에 많이 먹는 식재료로, 잘게 썬 재료를 반죽에 버무려 튀기는 '가키아게'에 주로 사용된다. 조개 좌우에 붙어 있고 크기는 다양한데, 여기서는 큰 관자만 사용하였다.

개량조개 관자는 수분이 많기 때문에 다른 재료로 가키아게를 만들 때처럼 튀김옷을 얇게 입히면 관자와 튀김옷의 수분이 균형을 이루지 못하므로 주의한다. 두툼한 가키아게를 만들기 위해 재료를 2번에 나눠서 넣은 다음 한 덩어리로 모은다.

먼저 높은 온도의 기름에 재료의 2/3를 넣고, 튀김옷이 굳어지면 나머지 1/3을 넣는다. 재료를 모두 넣은 다음에는 동그랗게 모양을 잡아준다. 모양이 잡히면 뒤집어서 80% 정도 익힌 다음, 건져서 남은 열로 익힌다.

튀기는 중간에 가끔씩 불을 약하게 줄여서 수분을 적당히 날려보내는 것이 맛을 내는 비결이다. 겉은 바삭하고 속은 촉촉하게 튀기는데, 파드득나물을 넣어서 튀기기 때문에 타지 않도록 주의한다.

밑손질

1 볼에 물을 넣고 소금 1꼬집을 넣어 녹인다.

2 관자를 넣고 씻어서 물기를 뺀다.

3 파드득나물은 알맞은 길이로 썬다.

4 관자와 파드득나물 1인분.

튀김의 기술

1 관자와 파드득나물을 섞은 다음 밀가루를 넣는다.

5 전체 양의 2/3 정도를 국자로 떠서 180~190℃ 기름에 넣는데, 냄비 가장자리쪽으로 조심스럽게 넣는다.

9 겉이 굳어지면 뒤집는다. 불을 약하게 줄여서 속까지 충분히 익힌다.

2 관자에 밀가루가 골고루 묻도록 튀김용 국자로 섞는다.

6 튀김옷이 흩어지고 작은 기포가 많이 생긴다. 튀김부스러기는 건져낸다.

10 다시 뒤집는다. 아랫부분은 70%, 윗부분은 30% 정도 익힌다.

3 반죽을 넣은 다음, 달걀물을 넣어서 묽게 만든다.

7 사진과 같은 상태가 되면, 일단 온도를 180℃까지 내린다.

11 기포가 점점 커지고 적어진다. 젓가락으로 집었을 때 가벼워진 느낌이 든다. 튀김옷 속까지 충분히 익혀서 건진다.

4 재료에 튀김옷이 얇게 입혀지고, 반죽이 주르륵 흘러내릴 정도로 묽어야 한다.

8 나머지 재료 1/3을 위에 올리고 흩어진 관자를 젓가락으로 모은다.

12 기름기를 충분히 뺀다.

백합

Hard clam

백합은 덜 익히면 맛이 없고, 그렇다고 지나치게 익히면 살이 단단해진다. 이런 백합을 가장 맛있게 먹을 수 있는 방법이 바로 튀김이다.

껍데기에 광택이 있고 묵직한 백합이 속살도 두툼하다. 껍데기의 줄무늬 나이테가 성장 정도를 나타내기 때문에 줄이 많은 것을 고르는 것이 좋다. 또한, 입을 꽉 다물고 있는 것이 신선하다.

〈곤도〉에서는 가시마산 또는 구주쿠리산으로 크기가 큰 백합을 사용한다.

180℃가 되면 살이 터지면서 수분과 함께 감칠맛이 빠져나온다. 또한 백합은 수분이 많기 때문에, 너무 익히면 삶은 것 같은 상태가 된다.

수분이 빠져나가지 않고, 날것일 때보다 부드럽게 부풀어 오르도록 튀긴다.

밀가루 → 반죽 되직함 → 기름 170℃ → 175℃

밑손질

1 껍데기를 세워서 잡고, 껍데기 사이에 조개손질용 칼을 넣는다.

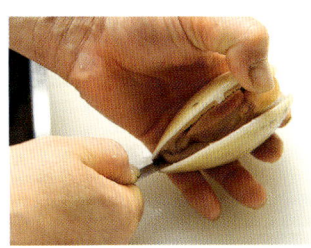

2 껍데기를 따라 조개손질용 칼을 움직여서 2곳에 붙어 있는 관자를 자른다.

3 입을 벌려서 연다.

4 다른쪽 껍질에 붙어 있는 관자도 같은 방법으로 잘라서 조갯살을 분리한다.

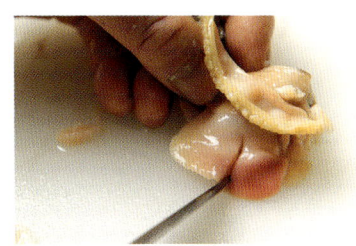

5 사진처럼 칼집을 내서 튀길 때 터지지 않게 한다.

튀김의 기술

1 백합에 밀가루를 골고루 묻힌다. 안쪽에도 밀가루를 묻힌다.

2 기본 반죽에 밀가루를 넣어 되직하게 만든 다음, 백합을 넣어 튀김옷을 입힌다.

3 170℃ 기름에 조심스럽게 넣는다. 온도가 너무 높으면 터지기 때문에 주의해야 한다.

껍데기를 벗기고 손질한 백합.

4 조금 가라앉으면서 튀김옷이 흩어진다.

5 작은 기포가 많이 생긴다. 튀김부스러기를 걷어낸다. 조금 위로 떠오른다.

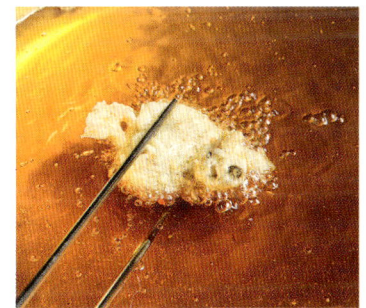

6 2~3번 정도 뒤집어준 다음, 기포가 커지고 적어지면 건져낼 때이다. 온도를 조금 높여서 (175℃) 살짝 노릇노릇해질 정도로 튀긴다.

7 기름기를 뺀다.

뱅어 *Whitebait*

뱅어는 몸빛깔이 탁하지 않고 속까지 투명하게 보이는 것이 좋다. 신선도가 떨어지면 먼저 머리와 몸통 사이가 하얗게 변하므로 주의한다.

12~1월의 뱅어는 아직 크기가 작기 때문에 가키아게(p.97 참조)로 튀기고, 봄이 되어 자라면 12~13마리씩 차즈기(시소)로 싸서 튀긴다. 여러 마리를 모아서 튀기면 속까지 완전히 익지 않아서 반쯤 익은 상태로 즐길 수 있다.

차즈기 향을 살리기 위해 소금에 찍어 먹는다.

겉이 바삭하게 튀겨지면 재빨리 건져서 속까지 완전히 익히지 않는다.

반죽 묽음 ▶ 기름 180℃ → 170℃

밑손질

밑손질을 마친 뱅어 차즈기말이.

1 뱅어는 살짝 씻어서 키친타월 위에 펼쳐놓은 다음, 그 위에 키친타월을 덮어 물기를 닦는다. 물기가 있으면 튀길 때 기름이 튀므로 주의한다.

2 차즈기 잎을 깔고, 그 위에 뱅어 12~13마리를 올려서 돌돌 만다.

튀김의 기술

1 기본 반죽에 달걀물을 넣어 묽게 만든다. 차즈기 끝부분을 잡고 모양을 잡은 다음, 밀가루는 묻히지 않고 반죽에 전체가 잠기도록 담가서 튀김옷을 입힌다.

2 손으로 잡은 채로 180℃ 기름에 넣는다. 튀김옷이 흩어지고, 작은 기포가 많이 생긴다.

3 조금 굳어져서 모양이 흐트러지지 않을 정도가 되면 손을 뗀다. 튀김부스러기를 걷어낸다. 계속 170℃를 유지한다.

4 소리가 점점 잠잠해지고, 기포가 적어지면 건져낼 때가 된 것이다. 마지막으로 온도를 올려 바삭하게 튀긴다.

5 기포가 잦아들면 바로 건져낸다. 반으로 잘라보면 가운데는 아직 덜 익은 상태이다.

벚꽃새우

Sergia Lucens

정식 이름은 '꽃젓새우'이지만 일본 이름인 '사쿠라에비'를 그대로 번역한 '벚꽃새우'라는 이름으로 많이 알려져 있다. 5월에 스루가만에서 잡힌 벚꽃새우를 가키아게로 튀기는데, 새우 껍질의 향을 살리고 바삭하게 살짝 튀기는 것이 비결이다.

가키아게를 입체적으로 완성하기 위해 2번에 나눠 넣으면서 겹쳐서 튀기기 때문에, 튀김옷이 두꺼워지지 않도록 반죽을 묽게 조절해야 한다.

1번째 재료를 넣은 다음, 충분히 굳어지면 2번째 재료를 넣는다. 새우 껍질이 바삭해지게 튀긴다.

밀가루 → 반죽 매우 묽음 → 기름 180℃ → 2번째 넣기 180℃

튀김의 기술

1 벚꽃새우 1인분을 작은 볼에 담는다.

5 기름에 반죽을 떨어뜨려서 온도를 확인하고, 180℃가 되면 튀김용 국자로 조심스럽게 벚꽃새우를 넣는다.

9 2번째로 넣은 재료가 굳어지면, 뒤집어서 잠시 그대로 튀긴다.

2 밀가루를 넣고 골고루 묻혀서 잘 섞는다.

6 일단 가라앉는다. 흩어진 튀김부스러기를 걷어낸다.

10 노릇하게 색이 변하면 다시 뒤집는다. 사진은 뒤집은 상태.

3 차가운 달걀물을 넣어서 매우 묽게 만든 반죽을 넣는다. 껍질의 고소한 향을 살리기 위해 튀김옷이 얇아야 한다.

7 조금씩 위로 떠오르면서 모양이 잡힌다.

11 기포가 적어지고, 전체가 바삭하고 노릇노릇하게 익으면 건진다.

4 튀김용 국자로 떴을 때 반죽이 밑으로 줄줄 흘러내릴 정도의 농도가 좋다.

8 벚꽃새우를 튀김용 국자로 떠서 7의 튀김 위에 겹쳐 올려 두툼하게 만든다.

12 기름기를 충분히 뺀다.

빙어

Pond smelt

빙어는 이른 봄이 제철이다.

    이 시기에는 알배기 빙어를 사용하는데, 아직 산란을 하지 않은 알배기 빙어는 영양분이 알에 집중되어 뼈가 부드러워진 상태이기 때문에 먹기 편하다.

    튀길 때 기름의 온도가 너무 높으면 배에 있는 알이 터지기 때문에, 180℃ 기름에 넣은 다음에는 170℃를 유지하는 것이 중요하다. 기름이 끓는 소리와 빙어가 위로 떠오르는 정도를 살펴 불을 끄거나 켜서 온도를 조절한다.

뱃속의 알을 충분히 익히기 위해 낮은 온도에서 오래 튀긴다. 생선은 수분이 많아서 건져낸 뒤에도 남은 열로 더 익기 때문에, 70~80% 정도 익었을 때 건져서 남은 열로 익히면 알맞은 상태가 된다.

밀가루 ▶ 반죽 묻음 ▶ 기름 180℃ → 170℃

밑손질

빙어는 물로 살짝 씻은 다음 물기를 닦는다.

튀김의 기술

1 꼬리를 잡고 밀가루를 묻힌 다음, 흔들어서 여분의 밀가루를 털어낸다.

2 기본 반죽에 달걀물을 넣어 묽게 만든 다음, 빙어를 넣어 튀김옷을 입힌다.

3 180℃ 기름에 곧게 펴서 넣는다. 가라앉으면서 튀김옷이 흩어지고 작은 기포가 많이 생긴다. 계속 170℃를 유지해서 배가 터지지 않게 주의한다.

4 처음에는 배부분이 위로 떠오르고, 기포가 조금 적어진다. 2~3번 뒤집어주면서 튀긴다.

5 기포가 커지고 적어진다. 소리도 잠잠해진다. 등부분이 위로 떠오르면 건진다.

6 기름기를 뺀다.

새끼 은어 *Sweet fish*

3월 중순~4월 말에 볼 수 있는 새끼 은어를 일본에서는 '지아유'라고 한다. 여기서는 몸길이 11㎝ 정도의 시가현 비와호산 지아유를 사용하였다. 이 시기가 지나면 '와카아유', 가을철 은어는 '오치아유'라고 부른다.

은어는 씁쓸한 맛이 나는 내장이 맛있기 때문에, 튀길 때 배가 터지지 않게 기름의 온도를 잘 조절해야 한다.

양식보다 자연산 은어가 씁쓸한 맛이 더 진하다.

은어의 맛을 좌우하는 내장이 터지지 않게 주의한다. 새끼 은어는 크기가 작기 때문에 일반적인 생선 튀김보다 조금 낮은 온도에서 20~30초 정도 살짝 튀긴다.

밀가루
↓
반죽
묻음
↓
기름
180℃
(약)

튀김의 기술

1   기본 반죽에 달걀물을 넣어 묽게 만든다.

5   배가 터지지 않게 주의하면서 2~3번 뒤집어 준다.

2   꼬리를 잡고 은어 전체에 밀가루를 묻힌 다음, 여분의 밀가루를 턴다.

6   기포가 적어지고 소리도 잠잠해지면 건진다.

3   반죽에 담가서 튀김옷을 입힌 다음, 여분의 반죽을 턴다.

7   기름기를 뺀다.

4   180℃(약) 기름에 곧게 펴서 넣으면 일단 가라앉았다가 다시 위로 떠오른다.

夏 여름

갯장어 *Pike conger*

갯장어는 큰 것은 길이가 2m나 되는 것도 있지만, 튀김으로는 1m 정도의 갯장어가 적당하다. 너무 작으면 살이 얇고, 부드럽게 튀겨지지 않는다.

보통은 이케지메한 것을 사용하며, 여름이 제철이다. 잔뼈가 많아 반드시 뼈를 잘라서 사용한다. 사진은 구마모토산 갯장어로, 수입산 갯장어에 비해 뼈와 껍질이 부드러운 것이 특징이다.

여기서는 잔뼈를 자른 갯장어 살에 시만토강에서 채취한 파래를 넣고 말아서 만든 상큼한 튀김을 소개한다. 파래가 갯장어의 수분으로 촉촉해져서 맛이 잘 어울린다. 가열하면 갯장어 껍질이 둥글게 말리는 성질을 이용하였다.

밑손질

밑손질을 마친 갯장어. 갯장어 뼈를 자르고 파래를 올려서 돌돌 만다.

살이 부드러운 생선이므로 튀김옷도 바삭하게 하지 않고 부드럽게 튀긴다. 파래에 갯장어의 수분이 베어들도록 오래 튀긴다.

1 미리 도마 가장자리에 송곳으로 구멍을 뚫어 놓는다. 배가 앞쪽으로 오게 놓고, 가슴지느러미 아랫부분에 송곳을 꽂아 고정시킨다.

3 아가미쪽의 내장이 붙어 있는 부분을 잘라서 분리한다.

2 갯장어를 똑바로 펴서 놓은 다음, 칼을 반대 방향으로 잡고(칼날이 조금 위를 향하게 잡는다) 항문에서부터 아가미가 붙어 있는 부분까지 배를 가른다.

4 내장을 떼어낸다.

5 하얗게 보이는 것은 알이다. 알이 있을 경우에는 칼로 긁어낸다. 가운데뼈에 붙어 있는 검붉은 살도 제거한다.

10 꼬리 앞쪽까지 자른다.

15 몸통을 접어서 원래 모양대로 놓고, 등지느러미와 연결된 꼬리지느러미를 잘라서 분리한다.

6 젖은 면보로 깨끗하게 닦는다.

11 가운데뼈를 완전히 잘라내지 않은 상태에서, 배지느러미를 분리한다.

16 칼턱으로 등지느러미를 누른 상태에서, 몸통을 잡아당겨 분리한다. 끈적거리기 때문에 키친타월을 사용하는 것이 좋다.

7 머리쪽에 칼을 넣어 가운데뼈 위를 따라 자른다. 왼손으로 칼끝을 느끼면서 꼬리까지 자른다.

12 머리쪽까지 분리한 다음, 머리를 자른다.

17 안쪽에서도 등지느러미가 붙어 있는 부분의 양쪽에 칼집을 낸다.

8 갈라서 펼친 상태.

13 배뼈가 붙어 있는 부분에 칼끝으로 칼집을 내서 살짝 들리게 한다.

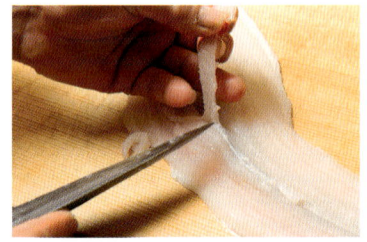

18 손으로 잡아당겨서 분리한다.

9 머리쪽에서 가운데뼈 아래에 칼을 넣고 자르면서 가운데뼈를 분리한다.

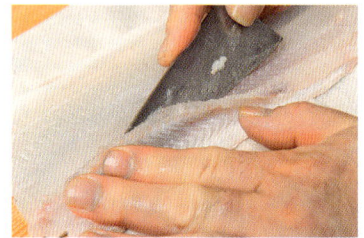

14 배뼈를 얇게 잘라낸다. 반대쪽도 같은 방법으로 잘라낸다.

19 가시가 남아 있는지 손으로 확인한다.

20 껍질까지 자르지 않게 칼로 잘게 칼집을 내서 잔뼈를 자른다. 칼을 똑바로 세우고 칼끝부터 넣는다.

21 칼턱까지 닿게 자르고, 마지막은 칼을 눕혀서 뺀다. 알맞은 길이(5㎝ 정도)로 자른다.

22 파래를 갯장어 껍질 쪽에 올린다.

23 둥글게 만다.

튀김의 기술

1 밀가루를 묻히고 여분의 밀가루를 턴다.

2 조금 묽은 반죽에 넣어 튀김옷을 입힌다.

3 180℃ 기름에 조심스럽게 넣는다. 계속 175℃를 유지하도록 불을 조절한다.

4 처음에는 기포가 많이 생긴다. 가끔씩 돌려주면서 튀긴다.

5 점점 기포가 적어지고, 소리도 잠잠해지면 건진다.

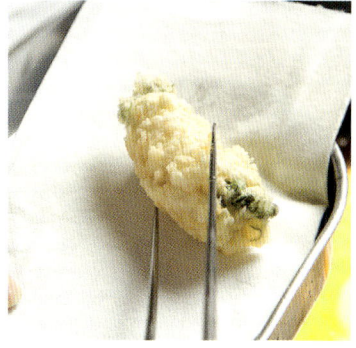

6 기름기를 뺀 다음, 먹기 좋은 크기로 둥글게 썬다.

동갈양태

Richardson dragonet

동갈양태는 모래와 진흙으로 된 바다 밑바닥에 사는 저어이기 때문에, 충분히 튀겨서 겉은 바삭하고 속은 부드럽게 완성한다. 동갈양태는 표면에 점액질이 있기 때문에 예전에는 소금으로 문질러 씻었지만, 요즘은 소금맛이 배는 것을 막기 위해 물로만 씻는다. 남은 점액질을 제거하기 위해 충분히 튀기는 것이 중요하다.

 바다 밑바닥에 사는 저어는 충분히 튀겨야 한다. 그래야 저어 특유의 점액질이 없어지고, 살은 보송보송하게 완성되기 때문이다. 보리멸과는 튀기는 방법이 대조적이다.

밀가루 → 반죽 조금 묽음 → 기름 180℃

동갈양태는 암컷과 수컷의 배지느러미 색깔이 다르다. 수컷(왼쪽)은 배지느러미가 검은색이고, 암컷(오른쪽)은 하얀색이다. 신선한 동갈양태는 꼬리지느러미가 보기 좋게 펼쳐진다.

밑손질

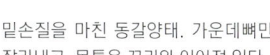

밑손질을 마친 동갈양태. 가운데뼈만 잘라내고, 몸통은 꼬리와 이어져 있다.

4 배가 위로 오게 놓고, 배지느러미 끝부분에 칼을 비스듬히 넣어서 가슴지느러미와 함께 머리를 잘라낸다.

8 가운데뼈가 붙어 있는 살이 아래로 오게 놓고 배뼈가 붙어 있는 부분을 자른 다음, 도마에 대고 눌러가며 가운데뼈를 따라 반대쪽 살을 자른다.

1 표면의 점액질을 물로 주물러서 씻어낸다.

5 머리를 잘라낸 상태. 배 속을 물로 씻고 물기를 닦는다.

9 꼬리가 붙어 있는 부분까지 잘라서 열고, 칼날을 세워서 가운데뼈를 분리한다.

2 꼬리지느러미 끝을 잘라서 정리한다.

6 등이 앞쪽으로 오게 놓고, 머리쪽부터 가운데뼈를 따라 칼을 넣는다.

10 배뼈를 잘라낸다.

3 표면의 점액질을 칼끝으로 긁어낸다

7 꼬리 앞쪽까지 한 번에 자른다. 살을 완전히 잘라내지 않도록 주의한다.

11 반대쪽 배뼈는 칼날이 바깥쪽으로 향하게 잡고 자른다.

튀김의 기술

1 살이 부스러지지 않게 주의하면서 꼬리지느러미가 붙어 있는 부분을 잡은 다음, 전체에 밀가루를 묻히고 여분의 밀가루를 턴다.

4 기름 온도를 확인한 다음, 180℃ 기름에 껍질이 위로 오도록 조심스럽게 넣는다.

7 흩어진 튀김부스러기를 걷어낸다. 불을 껐다 켰다 하면서 180℃를 유지한다.

2 두꺼운 젓가락으로 1을 집어서 반죽(보리멀보다 조금 묽은 정도)에 전체를 담근다.

5 튀김옷이 흩어지고, 동갈양태는 일단 가라앉았다가 곧 위로 떠오른다.

8 소리가 잠잠해지고 기포가 커지면 건진다.

3 꺼내서 여분의 반죽을 턴다.

6 살이 펼쳐지면 젓가락으로 살짝 집어서 모양을 잡아준다.

9 기름기를 뺀다. 노릇노릇해질 때까지 충분히 튀겨야 한다.

바윗굴

Crassostrea nippona

'일본굴'이라고도 부르는 바윗굴은 흔히 먹는 참굴과는 달리 여름이 제철이다. 모양과 크기가 제각각이어서 껍데기를 열지 않으면 굴의 크기를 알기 어렵다. 여기서는 도야마산 바윗굴을 사용하였는데, 바다향이 강하고 튀기면 감칠맛이 난다.

굴의 풍부한 육즙이 빠져나가지 않게 튀겨야 한다. 튀긴 후에도 거의 수축되지 않는다.

굴은 살이 매우 부드럽기 때문에 모양이 흐트러지지 않도록 뒤집지 않고 튀긴다. 겉은 바삭하고, 속은 감칠맛 나는 육즙이 빠져나가지 않게 튀기려면 175℃를 유지해야 한다. 온도가 너무 높으면 터진다.

밑손질

1 미끄러지지 않도록 젖은 면보를 깐다. 손에 들고 손질하면 다칠 수 있으므로 면보 위에 올려놓고 한다. 껍데기가 맞물린 부분을 찾는다.

4 위쪽 껍데기를 떼어낸다.

2 껍데기 사이에 조개손질용 칼을 넣고 껍데기를 따라 칼을 움직여서, 위쪽 껍데기에 붙어 있는 관자와 얇은 막을 잘라낸다.

5 아래쪽 껍데기를 따라 조개손질용 칼을 움직여서 살을 분리한다.

3 조개손질용 칼을 비틀어서 껍데기를 연다.

6 흐르는 물에 씻어서 남아 있는 불순물을 제거한 다음 물기를 닦는다.

밑손질을 마친 바윗굴.

튀김의 기술

1 굴 가장자리를 손으로 잡고, 굴 전체에 밀가루를 묻힌다.

4 일단 전체가 가라앉는다. 뒤집지 않고 그대로 끝까지 튀긴다.

2 묽은 반죽에 넣어 튀김옷을 입힌 다음, 여분의 반죽을 턴다.

5 기포가 점점 커지고, 소리가 잠잠해진다. 굴 전체가 위로 떠오르면 건진다.

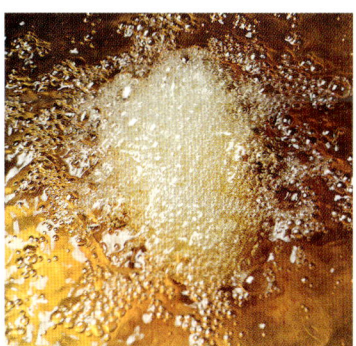

3 175℃ 기름에 넣으면 튀김옷이 흩어지고, 작은 기포가 많이 생긴다.

6 기름기를 뺀다. 자르지 않고 그대로 먹어야 감칠맛을 느낄 수 있다.

베도라치

Gunnel

예전에는 도쿄식 튀김요리의 단골 재료였지만, 최근 어획량이 적어지면서 구하기 어려운 귀한 생선이 되었다. 납작하고 긴 몸통이 특징으로, 봄~여름이 제철이다. 여기서는 도쿄만에서 잡힌 활어를 사용하였다.

바삭하게 튀기면 생선의 감칠맛이 살아난다. 베도라치는 죽으면 가격이 반으로 떨어지는데, 육질이 변해서 아무리 잘 튀겨도 보송보송하지 않고 눅눅해지기 때문이다. 반드시 살아있는 베도라치를 사용한다.

흰살생선이지만 살이 단단하고 감칠맛이 풍부하다. 튀김옷이 살짝 노릇해질 때까지 충분히 튀기는 것이 포인트.

밀가루 ▶ 반죽 조금 묽음 ▶ 기름 180℃ 이상

밑손질

밑손질을 마친 베도라치.

1 등이 앞쪽으로 오게 놓고, 머리 아랫부분에 칼을 넣어 피를 뺀 다음 물로 씻는다.

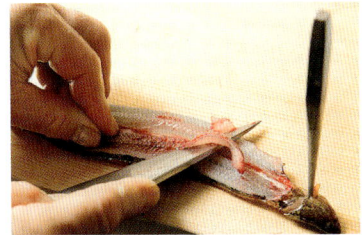

5 가운데뼈 아래에 칼을 넣고, 가운데뼈를 잘라서 분리한다.

9 배뼈를 자른다.

2 도마 한쪽에 송곳으로 미리 구멍을 뚫어놓는다. 등이 앞쪽으로 오게 놓고, 가슴지느러미가 붙어 있는 부분을 구멍 위에 대고 송곳으로 찔러서 고정시킨다.

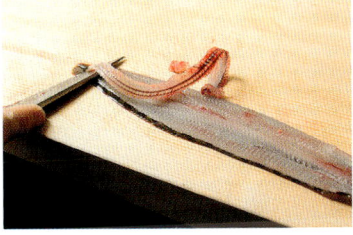

6 가운데뼈를 완전히 자르지 않고, 꼬리와 이어지게 둔다.

10 바깥쪽에서 배지느러미도 잘라낸다.

3 송곳 옆쪽에 칼을 넣고, 가운데뼈 위를 따라 꼬리까지 자른다. 왼손 검지로 칼끝의 움직임을 느끼면서 조절한다.

7 머리를 잘라낸다.

11 안쪽에 배뼈가 붙어 있던 주변의 잔뼈를 칼턱으로 두드려서 먹기 편하게 만든다.

4 내장을 떼어낸다. 등을 갈라 펼친 베도라치.

8 6에서 남겨둔 가운데뼈와 함께 등지느러미를 자른다.

12 밑손질을 마친 베도라치.

튀김의 기술

1 밀가루를 묻히고 묽은 반죽에 넣어 튀김옷을 입힌다.

4 기포가 점점 작아지고 소리가 잠잠해지면 건진다.

2 180℃ 이상 되는 기름에 몸통이 곧게 펴지도록 재빨리 넣는다.

5 기름기를 뺀다.

3 처음에는 큰 기포가 많이 생긴다. 중간에 2~3번 뒤집는다.

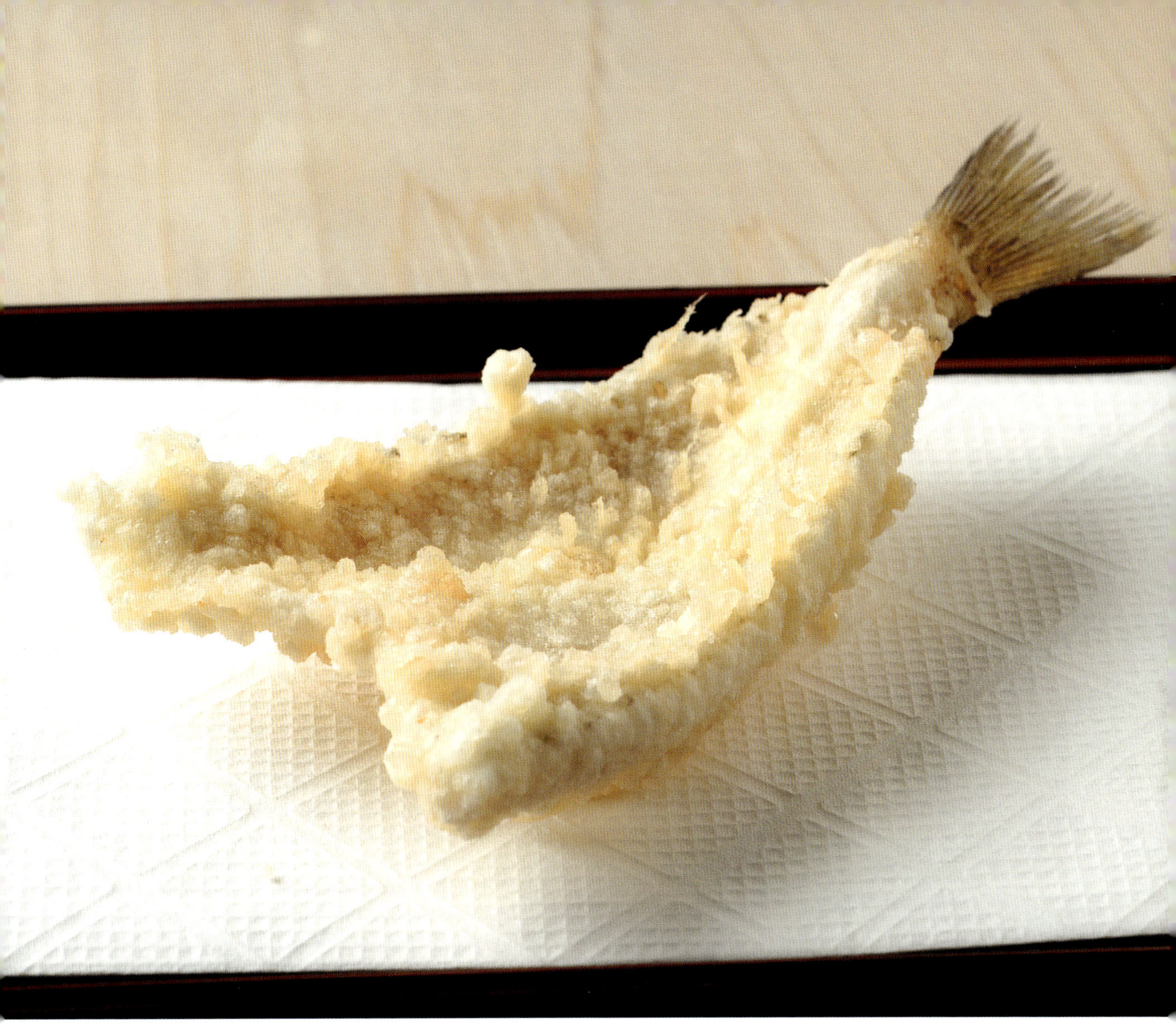

보리멸

Sand borer

보리멸은 비늘이 촘촘하게 붙어 있고, 몸통이 진주처럼 빛나는 것을 선택한다. 비늘이 잘 붙어 있는 보리멸은 들었을 때 몸이 휘어지지 않고 곧게 펴진다. 여기서는 도쿄만에서 잡은 것을 사용하였는데, 다른 곳에서 잡은 보리멸과 생김새가 다르다.

보리멸은 담백하고 섬세한 맛을 가진 흰살 생선이므로, 높은 온도에서 튀김옷이 바삭해지도록 튀기면 맛이 조화를 이루지 못한다. 조금 낮은 온도에서 튀김옷이 노릇하게 변하지 않도록 주의해서 튀긴다.

보리멸과 튀김옷의 맛과 식감이 조화를 이루게 튀기는 것이 제일 중요하다. 조금 낮은 온도에서 부드럽게 튀긴다. 등을 갈라서 펼치면 살이 얇아지므로, 너무 높은 온도에서 튀기면 안 된다. 180℃가 넘으면 지나치게 익어서 맛이 없다. 채소를 튀길 때와 같은 느낌으로 튀긴다.

밀가루 ▶ 반죽 되직함 ▶ 기름 180℃→175℃

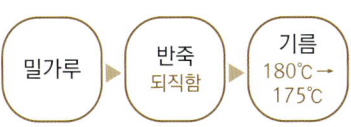

밑손질(등가르기)

밑손질을 마친 보리멸.

5 등이 앞쪽으로 오게 놓고, 4와 같은 방법으로 어슷하게 칼을 넣는다. 가운데뼈에 닿으면 칼을 세워서 가운데뼈를 자르고 머리를 분리한다.

10 가운데뼈를 도마 위에 대고 누르면서, 가운데뼈 바로 위에 칼을 넣고 잘라서 분리한다. 꼬리지느러미가 붙어 있는 부분에서 잘라낸다.

1 보리멸을 흐르는 물에 살짝 씻어서 물기를 뺀다.

6 칼끝으로 내장을 긁어낸다.

11 등가르기를 한 보리멸과 잘라낸 가운데뼈.

2 등이 앞쪽으로 오게 놓은 다음, 칼날을 세워서 꼬리쪽부터 문지르듯이 비늘을 긁어낸다.

7 등이 앞쪽으로 오게 놓고, 머리가 붙어 있던 부분부터 가운데뼈를 따라 칼을 넣는다. 배껍질을 자르지 않도록 주의한다.

12 꼬리지느러미쪽을 살짝 누르고, 배뼈를 따라 칼을 얇게 넣어 잘라낸다.

3 지느러미 아랫부분이나 배처럼 손질하기 어려운 곳은 칼끝으로 긁어서 비늘을 꼼꼼하게 제거한다.

8 꼬리지느러미가 붙어 있는 부분까지 자르고, 칼끝으로 꼬리지느러미에 붙어 있는 가운데뼈를 자른다. 꼬리지느러미를 자르지 않도록 주의한다.

13 방향을 돌리고 칼을 반대로 잡은 다음, 반대쪽 배뼈도 같은 방법으로 잘라낸다. 배뼈를 깔끔하게 제거한다.

4 배가 앞쪽으로 오게 놓은 다음, 가슴지느러미 바로 뒤쪽으로 칼을 조금 기울여서 넣고 가운데뼈까지 어슷하게 자른다.

9 갈라서 펼친다.

14 손질을 마친 보리멸.

튀김의 기술

1 꼬리지느러미를 잡고 전체에 밀가루를 묻힌 다음, 여분의 밀가루를 턴다.

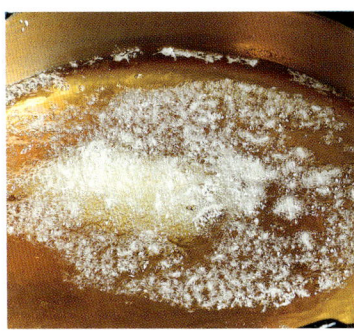

4 튀김옷이 흩어지고 보리멸이 가라앉는다. 불을 껐다 켰다 반복해서 175℃를 유지한다.

7 기름기를 뺀다.

2 기본 반죽에 밀가루를 더 넣어 되직하게 만든 다음, 두꺼운 젓가락으로 보리멸을 잡고 반죽에 넣어 양쪽면에 튀김옷을 입힌다.

5 보리멸이 위로 떠오르고, 작은 기포가 많이 생긴다. 2~3번 뒤집어주면서 튀긴다.

3 180℃ 기름에 껍질이 위로 오게 재빨리 넣는다. 껍질과 살 사이 부분이 가장 맛있기 때문에 껍질을 너무 익히지 않는다.

6 소리가 잠잠해지고, 기포가 커지면 건진다.

보리새우

Kuruma Prawn

계절이나 코스요리 종류에 관계없이 가장 먼저 나오는 튀김이 보리새우튀김이다. 튀김이라고 하면 도쿄만에서 잡히는 보리새우를 떠올릴 만큼 대표적인 튀김이다.

보리새우는 머리가 붙어 있는 부분이 도톰한 것이 좋다. 또한 탈피 직후의 껍질이 부드러운 새우는 맛이 별로 좋지 않다.

보리새우는 머리와 몸통을 분리하여 튀기고, 시간차를 두고 손님에게 제공한다. 몸통은 꼬리를 잡고 곧게 펴지도록 재빨리 기름에 넣어야 한다. 여분의 반죽을 털어내고 튀김옷을 고르게 만들기 위해서, 머리는 밀가루만 묻히고 튀김옷은 입히지 않은 상태에서 튀긴다.

속을 덜 익혀서 손님에게 제공하는 곳도 있지만, 50~60% 정도 익혀서 건진 다음 남은 열로 살짝 더 익혀야 새우 향을 잘 살릴 수 있다.

밑손질

밑손질을 마친 보리새우. 관절 부위를 끊어서 몸통을 곧게 폈다. 머리도 튀겨서 곁들인다.

1 흐르는 물에 살짝 씻어서 물기를 뺀다. 머리 위쪽의 껍질을 비틀어서 벗긴다.

2 머리 아래쪽 껍질을 벗기고 머리를 떼어낸다.

3 머리를 당겨서 등쪽 내장을 함께 제거한다.

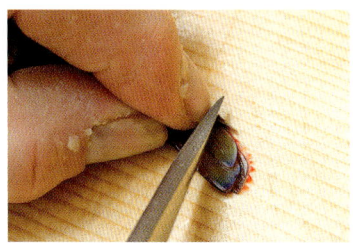

4 꼬리 위에 있는 뾰족한 물총과 함께 꼬리를 어슷하게 자른다. 꼬리는 물기가 남기 쉽고, 물총은 먹을 때 찔릴 수 있어 위험하다.

[몸통]
남은 열로 좀 더 익혀야 하므로 50~60% 정도 익으면 건져낸다. 온도를 올려두지 않으면 남은 열로도 익지 않으므로 주의한다.
2마리, 3마리를 계속해서 튀길 경우, 마지막 3마리째를 넣을 때의 온도가 180℃가 되도록 유지해야 한다. 그러기 위해서는 흐름에 맞춰 빠르게 튀기지 않으면 안 된다.

[머리]
감칠맛이 풍부한 부위여서 바삭하게 튀기기만 하면 될 것 같지만, 너무 오래 튀기면 향이 없어지고 먹을 때 입안을 찌를 수 있다. 너무 오래 튀기지도 말고, 너무 덜 튀기지도 않는 절묘한 포인트를 찾아야 한다. 190℃ 이하에서 튀긴다.

[몸통]
밀가루 → 반죽 되직함 → 기름 180℃

[머리]
밀가루 → 기름 190℃ 이하

어패류 튀김 ● 여름

튀김의 기술 [몸통]

5 펼치면 부채모양이 된다.

6 엄지손톱으로 배 아래쪽 껍질을 벗긴다.

7 살이 손상되지 않도록 껍질을 한 번에 돌려서 벗긴다.

8 배가 위로 오게 놓고, 몇 군데에 얕고 어슷하게 칼집을 낸다.

9 배 가운데를 지나는 관절을 엄지손가락을 눌러서 끊는다.

1 기본 반죽에 밀가루를 넣어 조금 되직하게 만든다.

2 꼬리를 잡고 전체에 밀가루를 묻힌 다음, 여분의 밀가루를 턴다.

3 반죽에 넣어 튀김옷을 입힌다.

4 꼬리를 잡고 배가 위로 오고 등이 아래로 가도록, 180℃ 기름에 곧게 펴지게 재빨리 넣는다. 여분의 반죽을 털어내고 튀김옷을 고르게 만들기 위해서이다.

5 넣자마자 튀김옷이 흩어지고 작은 기포가 많이 생긴다. 거름망으로 튀김부스러기를 걷어낸다.

6 2~3번 뒤집은 다음, 기포가 커지고 적어지면 건진다.

튀김의 기술 [머리]

7 기름기를 뺀다. 반으로 잘라보면, 기름에서 건진 직후에는 사진처럼 속이 반 정도 익은 상태이다. 남은 열에 의해 알맞게 익도록 잠시 두었다가 제공한다.

1 밀가루를 전체에 묻히고, 여분의 밀가루를 털어낸다.

4 다리가 위로 떠오르고 바삭하게 튀겨지면 건진다.

2 190℃ 기름에 넣으면 하얗고 작은 기포가 많이 생긴다. 오래 튀기기 위해 일단 불을 끈다.

5 기름기를 뺀다.

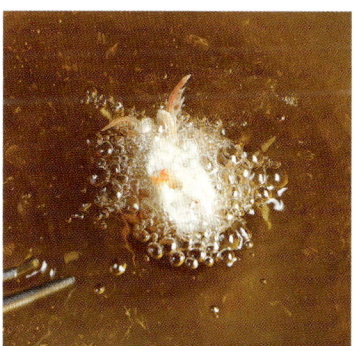

3 불을 다시 켜서 온도를 185~190℃로 올린 다음, 계속 유지한다. 점점 기포가 커지고 적어지기 시작한다.

새끼 갑오징어

Cuttlefish

여름에 잡히는 새끼 갑오징어를 일본에서는 '신이카'라고 하는데, 크기는 작지만 부드럽고 단맛이 강해서 고급 식재료로 꼽힌다. 8월 중순~하순에 규슈에서 들여오며, 도쿄만에서는 9월부터 볼 수 있다.

가열해도 윤기와 부드러움을 잃지 않는 것이 특징이다. 튀기면 둥글게 말리기 때문에 자주 뒤집으면서 튀겨야 한다.

속까지 폭신하고 부드럽게 익도록 높은 온도에서 살짝 튀긴다. 속은 부드럽고 겉은 바삭하게 완성한다. 낮은 온도에서 튀기면 오징어의 수분이 빠져나오기 때문에 바삭해지지 않는다.

밑손질

밑손질을 마친 새끼 갑오징어.

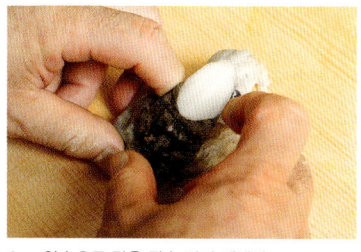

1 양손으로 갑을 잘 눌러서 빼낸다.

2 다리와 내장을 빼낸다.

3 물로 씻은 갑오징어.

4 뾰족한 삼각형 머리쪽부터 겉껍질을 벗긴다.

5 양쪽 가장자리를 잘라서 깔끔하게 정리한다.

6 안쪽이 위로 오게 놓고, 가장자리에 얕게 칼집을 낸다.

7 칼집 낸 부분을 손으로 잡아 당겨서, 바깥쪽 얇은 껍질을 끝까지 모두 벗긴다.

8 바깥쪽이 위로 오게 놓고, 삼각형 머리부분에 얕게 칼집을 낸다.

9 칼집 낸 부분을 손으로 잡아당겨 안쪽의 얇은 껍질을 벗긴다.

튀김의 기술

1 반죽에 달걀물을 넣어 조금 묽게 조절한다.

4 180℃ 기름에 바깥쪽이 위로 오게 넣는다.

7 기름기를 뺀다.

2 오징어에 밀가루를 묻힌다.

5 둥글게 말리기 쉬우므로 자주 뒤집어준다. 190℃까지 온도를 올린다.

3 여분의 밀가루를 털고, 반죽에 넣어 튀김옷을 입힌다.

6 기포가 커지고 적어지면 건진다.

작은 보리새우

Kuruma Shrimp

크기가 작은 보리새우를 일본에서는 '사이마키에비'라고 부르는데, 보통 무게가 20g 이하인 보리새우를 말한다.

여기서는 작은 보리새우 중에서도 비교적 큰 새우를 사용하여 가키아게로 튀겼다. 가키아게를 입체적으로 만들기 위해 재료를 2번에 나눠서 넣고 둥글게 모양을 만든다.

새우의 고운 색을 살리기 위해 튀김옷은 얇게 입힌다.

튀김의 기술

튀김옷은 얇게 입힌다. 가키아게에 일반적으로 사용하는 보리새우보다 큰 새우를 사용하기 때문에, 처음 뒤집을 때까지는 조금 오래 튀긴다. 충분히 튀겨야 새우 향이 살아서 맛이 좋다.

밀가루 → 반죽 매우 묽음 → 기름 190℃ → 2번째 넣기 180℃

1　보리새우 1인분을 작은 볼에 담는다.

2　밀가루를 골고루 묻힌다.

3　차가운 달걀물을 넣어 매우 묽게 만든 반죽을 넣는다.

밑손질

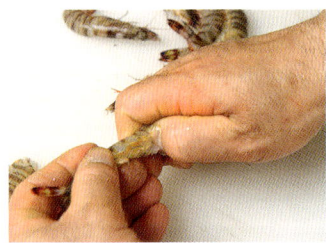

1　새우 머리부분의 관절을 손으로 눌러서 끊는다.

3　껍질을 벗긴다.

2　그대로 잡아당기면 등쪽 내장도 함께 빼낼 수 있다.

4　마지막 마디까지 벗긴 다음, 꼬리와 함께 잡아뗀다.

4 튀김용 국자로 떴을 때, 밑으로 줄줄 흘러내릴 정도로 농도를 조절한다.

7 튀김옷이 굳어질 때까지 잠시 그대로 튀긴다. 기름 온도는 180℃를 유지한다. 가끔씩 흩어진 튀김부스러기를 걷어낸다. 처음 뒤집을 때까지는 조금 오래 튀긴다.

10 기름기를 뺀다.

5 온도를 확인해서 190℃가 되면, 먼저 준비해둔 새우 분량의 1/2을 흩어지지 않도록 조심스럽게 넣는다.

8 뒤집어서 잠시 그대로 튀긴다. 한 번 더 뒤집는다.

6 어느 정도 굳어서 모양이 잡히면, 남아 있는 새우의 반죽을 털어내고 위에 겹쳐 올린다.

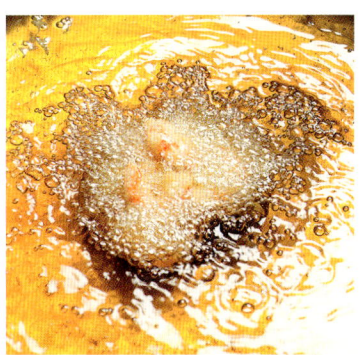

9 기포가 작아지면 건진다.

전복 | Abalone

전복은 오래되면 물을 흡수한다. 그렇게 되면 튀긴 다음에 흡수한 물이 빠져나와 튀김옷이 눅눅해지므로 신선한 것을 사용하는 것이 중요하다.

전복 종류에는 '까막전복'과 '말전복' 등이 있는데 여기서는 까막전복을 사용하였다. 날것으로 먹으면 까막전복이 말전복에 비해 씹는 맛이 있지만, 가열하면 부드러워지는 것이 특징이다. 이런 특징을 살려서 얇게 썰기보다는 큼직하게 썰어서 튀기는 것이 좋다.

완전히 익히지 말고 속이 살짝 따뜻해질 정도로만 튀기는 것이 전복의 풍부한 육즙을 즐기는 비결이다. 전복 간은 특유의 감칠맛이 있으므로 따로 튀겨서 곁들인다.

전복살은 겉면의 수분이 빠져나가지 않도록 큼지막하게 잘라서 씹는 맛을 살린다. 반죽은 되직하게 하고, 지나치게 높은 온도에서 튀기지 않는다. 50% 정도만 익으면 건져낸다.
간은 터지지 않게 저온(170℃)에서 튀기고 끈적한 식감을 살린다.

밑손질

1 흐르는 물에 전복을 씻어서 불순물과 점액질을 없앤다. 소금기가 배기 때문에 소금으로 문질러 씻지 않는다.

5 껍데기를 제거하고 간을 꺼내서 이어진 부분을 자른다.

9 간에서 내장을 잘라내고, 삼각형으로 모양을 다듬는다.

2 미끄러지지 않게 키친타월을 깔고, 금속강판의 손잡이나 숟가락을 살과 껍데기 사이에 넣는다.

6 입 주변에 V자로 칼집을 내서 잘라낸다.

3 껍데기를 따라 손잡이를 움직여서 관자를 잘라 분리한다.

7 다시 수세미를 사용해서 물로 씻은 다음, 키친타월로 물기를 닦는다.

밑손질을 마친 전복과 간.
1인분은 전복 1/2개.

4 간 가장자리의 얇은 막을 손으로 훑어서 분리한다.

8 뒤집어서 관자의 가운데를 반으로 자른다.

튀김의 기술

1 먼저 간부터 튀긴다. 간에 밀가루를 묻힌 다음 여분의 밀가루를 털어낸다.

5 기름기를 빼고 한김 식혀서 반으로 자른다.

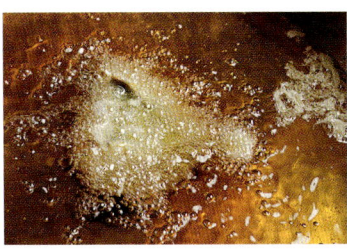

9 사진처럼 기포가 잦아들면 뒤집어주고 170℃ 정도로 유지한다.

2 되직한 반죽에 넣어 튀김옷을 입힌다.

6 전복살을 튀긴다. 전복 전체에 밀가루를 묻힌 다음, 여분의 밀가루를 턴다.

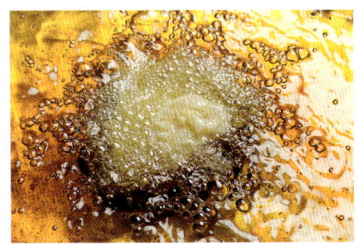

10 전복의 윗면도 익힌다. 2~3번 뒤집으면서 고르게 익힌다

3 170℃ 기름에 조심스럽게 넣는다. 온도가 너무 높으면 간이 터질 수 있으므로 주의한다. 일단 가라앉는다. 2~3번 뒤집어주면서 튀긴다.

7 되직한 반죽에 넣어 튀김옷을 입힌다.

11 기포가 커지고 적어지면 건져낼 때이다. 익은 정도를 잘 살핀다.

4 기포가 적어지고, 전체가 위로 떠오르면 건져낸다.

8 전복의 아랫면이 밑으로 향하도록 180℃ 기름에 넣는다. 지나치게 높은 온도에서 튀기면 겉면의 수분이 빠져나가므로 주의한다. 작은 기포가 많이 생긴다.

12 건져서 기름기를 빼고 반으로 자른다.

흰꼴두기

Bigfin reef squid

4~7월에 많이 먹는 튀김 재료이다. 오징어는 종류가 다양한데, 여기서 사용하는 것은 늦봄~초여름에 잡히는 흰꼴뚜기이다. 2.5kg 정도로 크고 살이 두툼하지만, 부드럽고 단맛이 있어서 회로도 많이 먹는다.

신선한 흰꼴뚜기를 튀기면 부드럽게 부풀어 오른다. 속은 따뜻하게 반쯤 익은 상태로 튀긴다. 오징어 껍질을 1장 벗긴 후에 칼집을 내서 요리하는 음식점도 있지만, 몸통에 칼집을 내는 것보다 껍질 2장을 모두 벗겨서 튀기는 것이 좋다.

약한 불로 오래 튀기는 것이 아니라, 190℃ 정도의 고온에서 재빨리 튀긴다. 속은 완전히 익히지 않는다.

밑손질

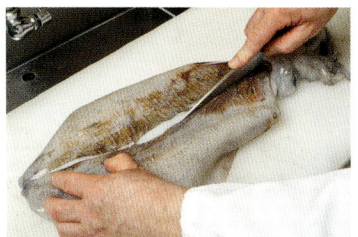

1 가운데에 세로로 칼집을 내서 두꺼운 껍질을 자른다.

2 칼집을 낸 부분에 칼등을 넣고 갈라서 펼친다.

3 속에서 연골을 떼어낸다.

4 안쪽의 막과 함께 내장을 꺼내고, 다리도 함께 떼어낸다. 일단 물로 깨끗이 씻고 물기를 닦는다.

5 바깥쪽이 위로 오게 놓고, 양쪽 지느러미 가장자리를 손으로 잡고 벗겨낸다.

밑손질을 마친 흰꼴뚜기.
사각형으로 잘라서 튀긴다.

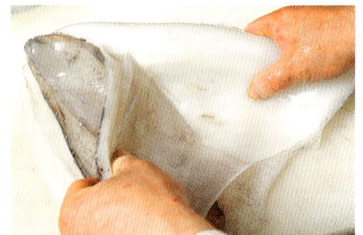

6 양쪽 지느러미를 모두 벗긴다.

10 지느러미는 얇은 껍질을 벗겨 회로 먹는다.

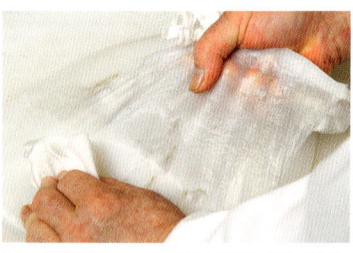

14 오징어를 누르고 껍질을 잡아당겨 벗겨낸다.

7 벗겨낸 끝부분을 잡는다.

11 껍질을 벗기기 위해 몸통의 양쪽 가장자리를 잘라낸다. 연골이 붙어 있던 부분도 자른다.

15 몸통 윗부분에 칼집을 낸다.

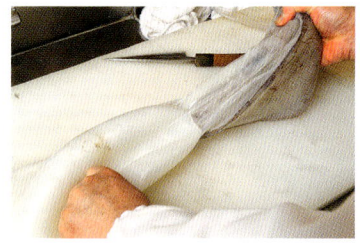

8 잡아당겨서 지느러미를 떼어낸다.

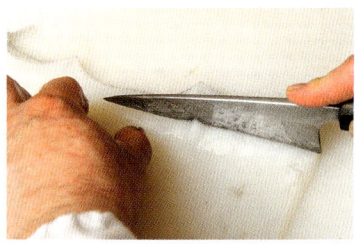

12 안쪽이 위로 오게 놓고, 껍질이 완전히 잘리지 않도록 가장자리에 칼집을 낸다.

16 몸통을 반대로 뒤집어서 잘 잡고 안쪽의 얇은 껍질을 벗긴다.

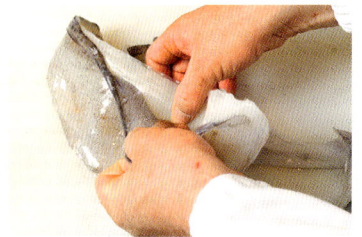

9 지느러미에 붙어 있는 딱딱한 살을 떼어낸다.

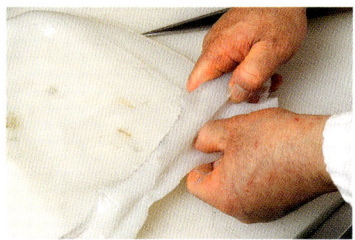

13 바깥쪽이 위로 오게 놓고, 12에서 칼집 낸 부분을 잡아 껍질을 벗긴다.

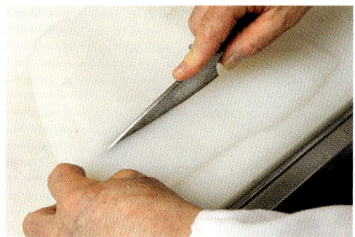

17 7~8cm 폭으로 썬 다음, 다시 5cm 길이로 썬다. 1장이 1인분이다.

튀김의 기술

1 전체에 밀가루를 묻힌 다음, 여분의 밀가루를 턴다.

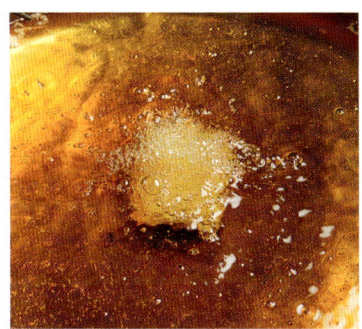

4 2~3번 뒤집으면서 튀긴 다음, 사진처럼 기포가 적어지면 건진다.

2 기본 반죽에 넣어 튀김옷을 입힌다.

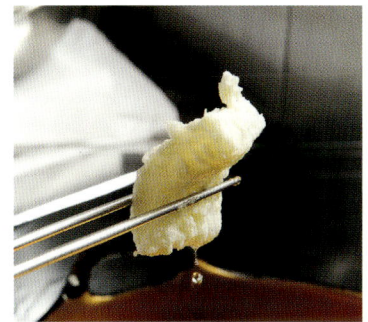

5 살이 부풀어 올라 두툼해진다.

3 여분의 반죽을 털어낸 다음, 190℃ 기름에 넣는다. 처음에는 작은 기포가 많이 생긴다.

6 속살은 따뜻하지만 사진처럼 완전히 익지 않을 정도로 튀기는 것이 좋다.

秋
가을

문절망둑
Goby

가을이면 살이 올라 맛이 좋은 문절망둑은 망둑엇과의 물고기로, 망둑엇과의 물고기들은 생김새가 비슷해서 종에 상관없이 통틀어서 망둑어 또는 망둥이라고 부르기도 한다.

빨리 상하는 생선이므로 반드시 활어를 구입하고, 직접 이케지메하여 튀긴다. 도쿄만에서 낚시로 잡은 문절망둑이 유명하지만, 여기서는 미야기현산 문절망둑을 사용하였다.

머리가 큰 생선이지만 생선을 세워서 잡고 위에서 내려다보았을 때, 머리보다 몸이 두툼한 것을 고르는 것이 좋다.

골고루 익히는 것이 중요하다. 이케지메한 문절망둑을 튀기면 살이 수축하기 때문에 수축하는 정도에 알맞은 농도로 반죽을 조절해야 한다. 살이 수축해도 튀김옷이 고르게 입혀지도록 반죽의 농도를 조절해서 튀김옷의 두께를 일정하게 하고 전체를 골고루 익힌다. 튀김옷이 너무 얇거나 두꺼우면 안 된다.
농도를 알맞게 맞춰도 뒤집는 타이밍을 놓치면 한쪽은 살이 부풀고, 다른 한쪽은 수축해서 완성된 튀김옷에 층이 생긴다.

밀가루 → 반죽 조금 되직함 → 기름 180℃ → 175℃

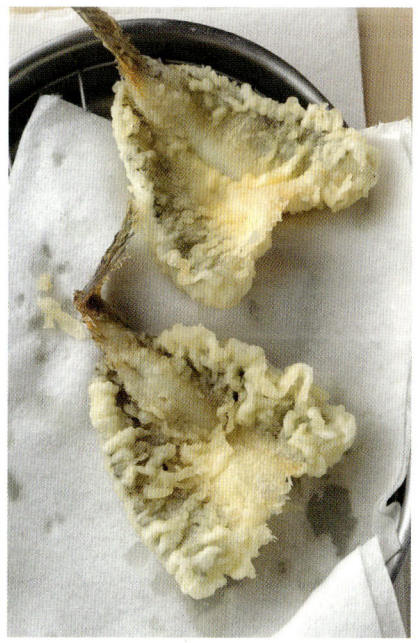

반죽이 너무 묽으면 안쪽에 고이고, 너무 되직하면 고르게 익지 않는다. 사진 위는 알맞은 농도의 튀김옷을 입혀서 알맞은 온도로 튀긴 문절망둑. 아래는 되직한 튀김옷을 입혀서 튀긴 문절망둑. 반죽이 되직하면 살이 수축하는 동시에 튀김옷도 주름이 생긴 것처럼 쪼글쪼글해진다.

밑손질

등을 가르고 손질을 마친 문절망둑.

1 머리가 붙어 있는 부분의 위쪽에 칼끝을 세워서 찔러 넣어 문절망둑을 기절시킨다. 힘차게 움직이던 문절망둑이 잠잠해진다.

2 이케지메한 문절망둑. 사진의 위치에 칼을 넣었다.

3 꼬리를 잘라서 정리한다.

4 등가르기할 때 방해되지 않도록 배지느러미를 잘라낸다.

5 칼로 양쪽 비늘을 긁어낸다.

10 등을 갈라 펼친 문절망둑.

6 가슴지느러미를 머리쪽으로 붙인 다음, 양쪽에서 칼을 비스듬히 넣어 가운데뼈를 자르고 머리를 잘라낸다.

11 반대쪽 살에서 가운데뼈를 잘라내기 위해, 먼저 가운데뼈를 도마에 대고 누른 상태에서 가운데뼈 위에 칼을 넣는다.

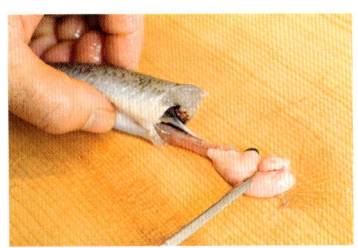

7 칼끝으로 내장을 긁어낸 다음, 물로 씻고 물기를 닦는다.

12 꼬리지느러미 앞까지 자른 다음, 가운데뼈를 잘라낸다.

8 등이 앞으로 오게 놓고, 머리쪽부터 가운데뼈와 등지느러미 위에 칼을 넣어 가운데뼈를 따라 자른다.

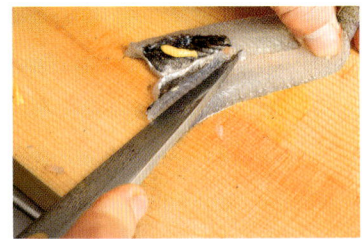

13 배뼈를 자른다. 가능하면 살이 잘리지 않도록 칼을 눕혀서 양쪽 살에 붙어 있는 배뼈를 얇게 벗겨낸다.

9 배가 터지지 않도록 누르는 손의 검지로 칼끝의 움직임을 느끼면서 꼬리지느러미까지 자른다.

튀김의 기술

1 밀가루를 전체에 묻히고, 여분의 밀가루를 털어낸다.

4 기름 온도는 175℃를 유지하면서 튀긴다. 튀김용 젓가락을 사용하여 뒤집는다.

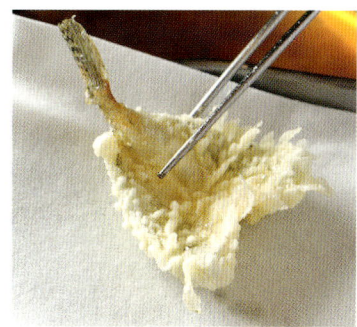

7 기름기를 뺀다.

2 꼬리지느러미를 두꺼운 젓가락으로 잡고, 조금 되직한 반죽에 넣어 튀김옷을 입힌다. 농도는 가열에 의해 생선살이 수축해도 튀김옷에 주름이 생기지 않을 정도로 조절한다.

5 기포가 계속해서 올라온다.

3 180℃ 기름에 껍질이 위로 오게 똑바로 펴서 넣는다. 여분의 튀김옷이 흩어진다. 접시에 담을 때는 껍질이 위로 오게 담는다.

6 기포가 적어지면 건진다.

冬 겨울

가리비 관자

Adductor muscle / Scallop

가리비 관자 튀김에는 자연산 가리비 관자를 사용한다. 가리비는 바다 밑바닥에 서식하기 때문에 평평한 위쪽 껍데기에는 해초 등이 붙어 있고, 둥그스름한 아래쪽 껍데기는 바닥에 닿아 있기 때문에 해초가 없고 흰색이다(p.16 참조). 들었을 때 묵직한 것이 좋다.

가리비 관자 튀김에는 와사비와 소금이 잘 어울린다. 가리비는 달고 감칠맛이 있고 맛이 복잡하지 않기 때문에 간 와사비로 알싸하게 맛에 악센트를 주는 것이 좋다.

조금 오래 튀긴다. 단, 완전히 익히면 가리비 특유의 단맛이 없어지고, 살이 수축해서 단단해진다. 속은 조금 덜 익혀서 날것의 단맛과 감칠맛을 살린다.

밀가루 ▶ 반죽 되직함 ▶ 기름 180℃ → 175℃

밑손질

가리비 껍데기를 열고, 관자를 분리하기 위한 금속주걱.

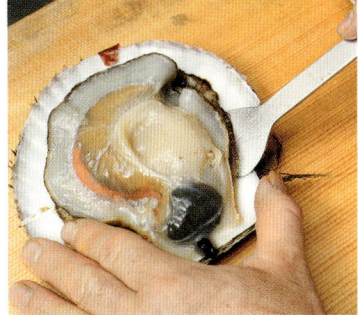

4 아래쪽 껍데기를 떼어낸 다음, 위쪽 껍데기를 따라 금속주걱을 움직여서 떼어낸다.

8 사진처럼 관자 옆쪽에는 단단한 부분이 있다.

1 수세미를 사용하여 흐르는 물에 껍데기를 문질러서 씻는다.

5 껍데기를 제거한 가리비살.

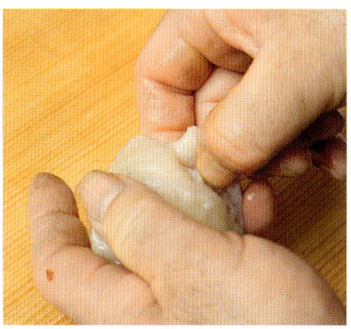

9 단단한 부분을 손가락으로 떼어낸다. 단단한 부분이 관자에 잘 붙어 있는 것일수록 신선하다.

2 가리비를 세워서 잡고, 껍데기 사이에 금속주걱을 넣어 껍데기를 연다.

6 얇은 막 안쪽에 엄지손가락을 넣어서 관자를 분리한다.

10 관자 주위의 얇은 막을 제거한다.

3 아래쪽 껍데기를 따라 금속주걱을 움직여서 관자를 분리한다.

7 외투막과 내장을 분리하고 관자를 꺼낸다.

11 외투막과 간을 분리한다. 간은 청주, 간장, 맛술을 넣고 조리면 맛있다. 외투막은 말려서 국물을 내는 데 사용하기도 한다.

튀김의 기술

1 관자에 밀가루를 묻힌 다음, 여분의 밀가루를 털어낸다.

4 기포가 조금씩 적어지기 시작한다. 튀김부스러기를 거름망으로 걷어내고, 2~3번 뒤집으면서 익힌다.

7 처음 기름에 넣었을 때의 윗면이 위로 오게 접시에 담는다. 속은 완전히 익히지 않는 것이 좋다.

2 기본 반죽에 밀가루를 넣어 되직한 반죽을 만든 다음, 관자를 넣어 튀김옷을 입힌다.

5 기포가 커지고 적어지면 건진다.

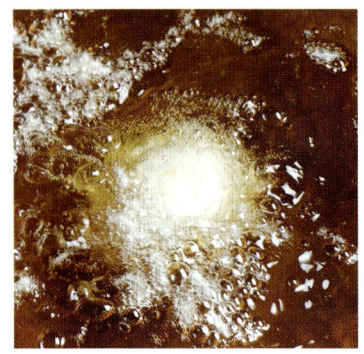

3 180℃ 기름에 넣는다. 넣자마자 튀김옷이 흩어지고, 작은 기포가 많이 생긴다. 불을 켰다 껐다 하면서 계속 175℃를 유지한다.

6 기름기를 뺀다.

굴 *Oyster*

굴은 수분이 많아서 튀기기 매우 어렵기 때문에, 여러 방법을 연구하여 굴튀김을 메뉴에 올리기까지 오랜 시간이 걸렸다. 처음에는 굴생산지로 유명한 홋카이도 앗케시 지방의 굴을 사용하였지만 튀김으로 사용하기에는 크기가 조금 작았다. 비교적 수분이 적은 굴이 살이 수축되지 않고 잘 튀겨진다.

12월~1월 중순에는 홋카이도 곤부모리의 굴이 알이 크고 좋다. 그 후에는 굴로 유명한 아코 지방의 굴을 사용한다. 껍데기를 깠을 때 살이 볼록하게 부푼 굴이 튀김용으로 적당하다.

너무 익히지 않고 육즙을 살리기 위해서 생식용 굴을 사용한다.

70~80% 정도만 익히고, 그 다음은 남은 열로 10% 정도 더 익히는 것이 좋다. 굴은 충분히 익혀야 맛있다.

밑손질

1 볼록한 쪽이 아래로 가도록 손으로 잡는다.

4 조개손질용 칼을 껍데기 주위를 따라 움직여서 나머지 껍데기에 붙어 있는 관자를 자른다.

2 껍데기 사이에 조개손질용 칼을 넣고 위쪽 껍데기에 붙어 있는 관자를 자른다.

5 칼로 가리키는 부분이 관자.

3 조개손질용 칼을 비틀어서 껍데기를 벗긴다.

6 껍데기를 벗겨낸 굴.

튀김의 기술

1 밀가루를 전체에 묻힌다.

4 175℃ 기름에 넣는다.

7 기름기를 뺀다.

2 기본 반죽에 밀가루를 조금 넣어서 조금 되직한 반죽을 만든다.

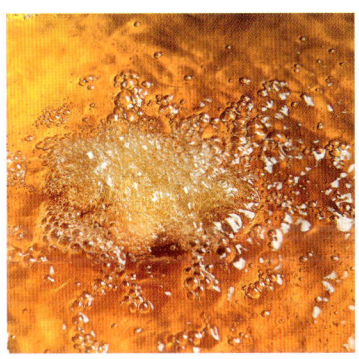

5 내장에 수분이 많아서 일단 밑으로 가라앉는다. 작은 기포가 많이 생긴다. 기름 온도는 170~175℃를 유지한다.

3 여분의 밀가루를 털어낸 굴을 반죽에 넣어 튀김옷을 입힌다.

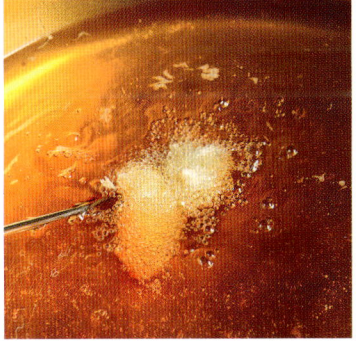

6 조금씩 떠오르기 시작하면 건지는데, 생식용 굴은 이 정도만 익혀도 충분하나. 익혀 먹어야 하는 굴이라면 조금 더 익혀서 건진다.

대구 이리

Milt / Pacific cod

겨울에 제철을 맞는 참대구의 이리. 이리는 수컷의 정소인데 '곤이'라고 부르기도 한다. 여기서 사용한 대구 이리는 4kg 정도 되는 상당히 큰 이리이다. 모양이 잘 잡혀 있고, 탄력이 있으며, 묵직한 것을 고르는 것이 좋다. 날것의 진하고 찐득한 맛을 잘 살려서 튀긴다.

차가운 성질의 재료이므로 처음에는 어느 정도 높은 온도의 기름에 넣고, 이후에는 온도를 조금 낮춰서 오래 튀긴다. 높은 온도에서 튀기면 이리가 터질 수 있기 때문이다. 속은 따뜻하지만, 날것의 진하고 찐득한 느낌이 살짝 남도록 튀긴다.

밀가루 ▶ 반죽 조금 되직함 ▶ 기름 175℃ → 170℃

밑손질

1인분 50g으로 자른 이리.

튀김의 기술

1 이리를 흐르는 물에 살짝 씻는다. 소금물로 씻으면 소금기가 이리에 스며들기 때문에 일반 물을 사용한다.

1 전체에 밀가루를 묻힌다.

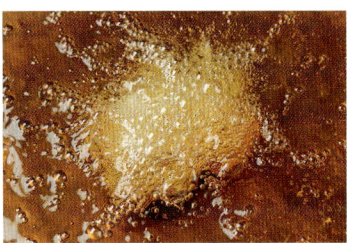

5 조금씩 위로 떠오르면 뒤집는다. 모양이 망가지지 않도록 너무 자주 뒤집지 않는다.

2 키친타월로 물기를 닦는다.

2 조금 되직하게 만든 반죽에 넣어 튀김옷을 입힌 다음, 여분의 반죽을 턴다.

6 다시 뒤집어서 겉면이 위로 오게 한다. 사진과 같은 정도로 떠오르면 건진다.

3 50g씩 잘라서 분리한다.

3 175℃ 기름에 넣는다. 튀김옷이 한꺼번에 흩어지고 기포가 생긴다.

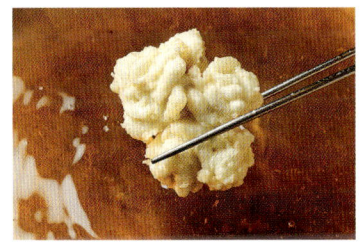

7 건져서 기름기를 뺀다.

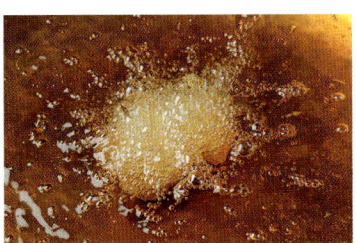

4 수분이 많아서 처음에는 가라앉는다. 터지지 않게 170℃ 정도를 유지하면서 오래 튀긴다.

8 반으로 잘랐을 때 속에는 찐득한 느낌이 남을 정도로 튀긴다.

복어 이리

Milt / Puffer

겨울이 오고 추위가 본격적으로 시작되면 복어 이리가 커지기 시작한다. 여기서는 복어류 중에서도 자주복의 이리를 사용하였다. 볼록하고 탄력이 있으며 큰 이리를 선택한다.

몸빛깔은 개체마다 조금씩 미묘하게 다르지만 맛에는 차이가 없다. 다만 자연산은 몸빛깔이 조금 진하고, 양식은 하얀 것이 많다.

속까지 뜨거워지도록 조금 낮은 온도에서 오래 튀긴다. 튀기면 튀기기 전보다 살짝 부풀어서 커진다. 튀긴다기보다는 기름 속에 넣고 찌는 느낌이다.
170℃ 이상이 되면 겉면의 얇은 막이 터져서 살이 오그라들고, 기름이 속으로 스며들기 때문에 주의해야 한다. 수분이 빠져나가서 조금 가벼워지면 건져낼 때가 된 것이다.

밀가루 ▶ 반죽 조금 묽음 ▶ 기름 170℃ 이하

밑손질

밑손질을 마친 이리.
1인분이 1조각(50g).

튀김의 기술

1 젖은 키친타월로 이리가 상하지 않게 조심해서 닦는다.

1 밀가루를 전체에 묻히고, 여분의 밀가루를 털어낸다.

5 위로 떠오르면 뒤집는다. 2~3번 뒤집으면서 속까지 뜨거워지도록 오래 튀긴다.

2 반대쪽 혈관부분도 꼼꼼하게 닦는다.

2 기본 반죽에 달걀물을 넣어 조금 묽게 만든 다음, 이리를 넣는다. 여분의 반죽을 턴다.

6 기포가 커지고 적어지기 시작한다. 수분이 빠져나가 조금 가벼워지면 건진다.

3 트레이에 키친타월을 깔고 이리를 올린 다음, 마르지 않도록 키친타월로 덮어 냉장보관한다.

3 170℃ 이하로 가열한 기름에 조심스럽게 넣는다. 온도가 높아지면 껍질이 터진다. 일단 가라앉으면서 튀김옷이 살짝 흩어진다.

7 기름기를 뺀다.

4 사용할 때 1조각(50g)씩 자른다.

4 작은 기포가 많이 생긴다. 불을 껐다 켰다 반복해서 적당한 온도를 유지한다.

8 잘랐을 때 속이 사진 상태가 되도록 익힌다. 찐득거리는 식감을 유지한다.

붕장어

Conger eel

겨울에는 큰 붕장어(50~60g), 여름에는 작은 붕장어 (40g)가 맛있다. 여기서는 머리 위를 잘라 이케지메한 도쿄만의 붕장어를 사용하였다.

붕장어는 바삭하게 튀긴 다음, 부드러운 살을 젓가락으로 재빨리 2등분해서 제공한다.

고온에서 튀김옷이 바삭해지도록 튀기고 충분히 익힌다. 바삭하게 튀긴다는 것은 수분을 제거한다는 의미이다. 수분을 적당히 제거해서 보송보송한 붕장어 튀김을 완성한다. 단, 바삭하게 튀기는 것과 불을 세게 하는 것은 다르다. 190℃ 이상이 되면 탈 수 있으므로 주의한다.

밀가루 ▶ 반죽 조금 묽음 ▶ 기름 190 → 180℃

밑손질

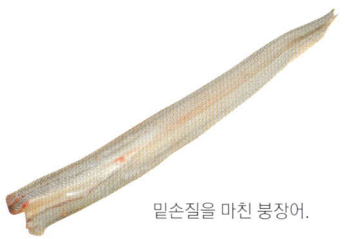
밑손질을 마친 붕장어.

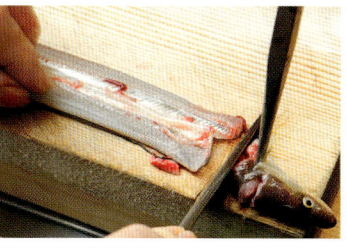
5 왼손 검지로 칼끝의 움직임을 느끼면서, 배를 자르지 않도록 주의해서 가운데뼈를 따라 꼬리까지 자른다.

1 붕장어를 흐르는 물에 씻어서 점액질을 제거하고 물기를 뺀다.

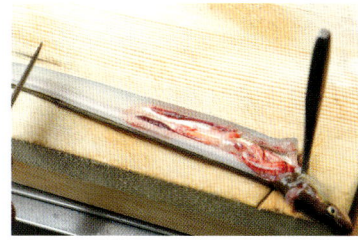
6 등을 갈라 펼친 붕장어.

10 머리를 잘라낸다.

2 등이 앞으로 오게 놓고, 가슴지느러미 바로 뒤에 송곳을 찔러 넣는다.

7 내장이 붙어 있는 부분을 자르고 잡아당겨서 빼낸다.

11 가운데뼈와 함께 등지느러미도 잘라낸다.

3 움직이지 않도록 도마에 고정시킨다.

8 배쪽의 가운데뼈는 마름모 모양이므로, 칼날을 세워서 가운데뼈 밑으로 넣고 들어올리듯이 잘라낸다.

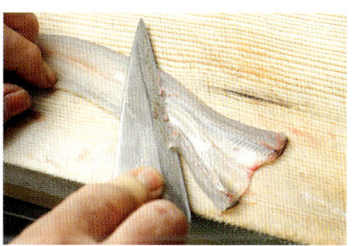
12 배뼈가 붙어 있는 부분에 얇게 칼집을 낸다.

4 붕장어를 똑바로 펴놓고, 송곳을 찌른 뒷부분에 칼집을 낸다. 칼집을 낸 부분부터 칼을 눕혀서 가운데뼈를 따라 자른다.

9 가운데뼈가 평평해지면 칼을 눕혀서 꼬리까지 자른다.

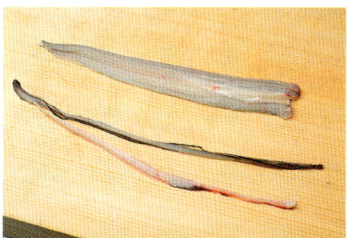
13 칼로 긁어내면 배뼈를 제거할 수 있다.

14 등을 갈라서 펼친 붕장어.

튀김의 기술

4 일단 붕장어가 조금 가라앉고, 튀김옷이 흩어지면서 작은 기포가 많이 생긴다.

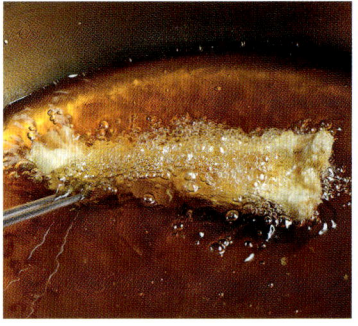

8 소리가 잠잠해지고 기포가 커지면 건진다.

1 머리쪽을 잡고 밀가루를 충분히 묻힌 다음, 여분의 밀가루를 털어낸다.

5 불을 세게 키운다. 튀김옷을 바삭하게 만들기 위해서는 처음 온도가 중요하다. 튀김부스러기를 걷어낸다.

9 기름기를 뺀다.

2 두꺼운 젓가락으로 잡고 조금 묽은 반죽에 넣어 튀김옷을 입힌다.

6 뒤집어서 충분히 가열하여 바삭하게 튀긴다.

10 젓가락으로 반으로 잘라 제공한다.

3 190℃ 기름에 붕장어를 곧게 펴서 넣는다. 껍질이 조금 단단하기 때문에 아래로 가게 넣는다.

7 2~3번 뒤집는다. 소리가 점점 잠잠해지고 기포가 커진다.

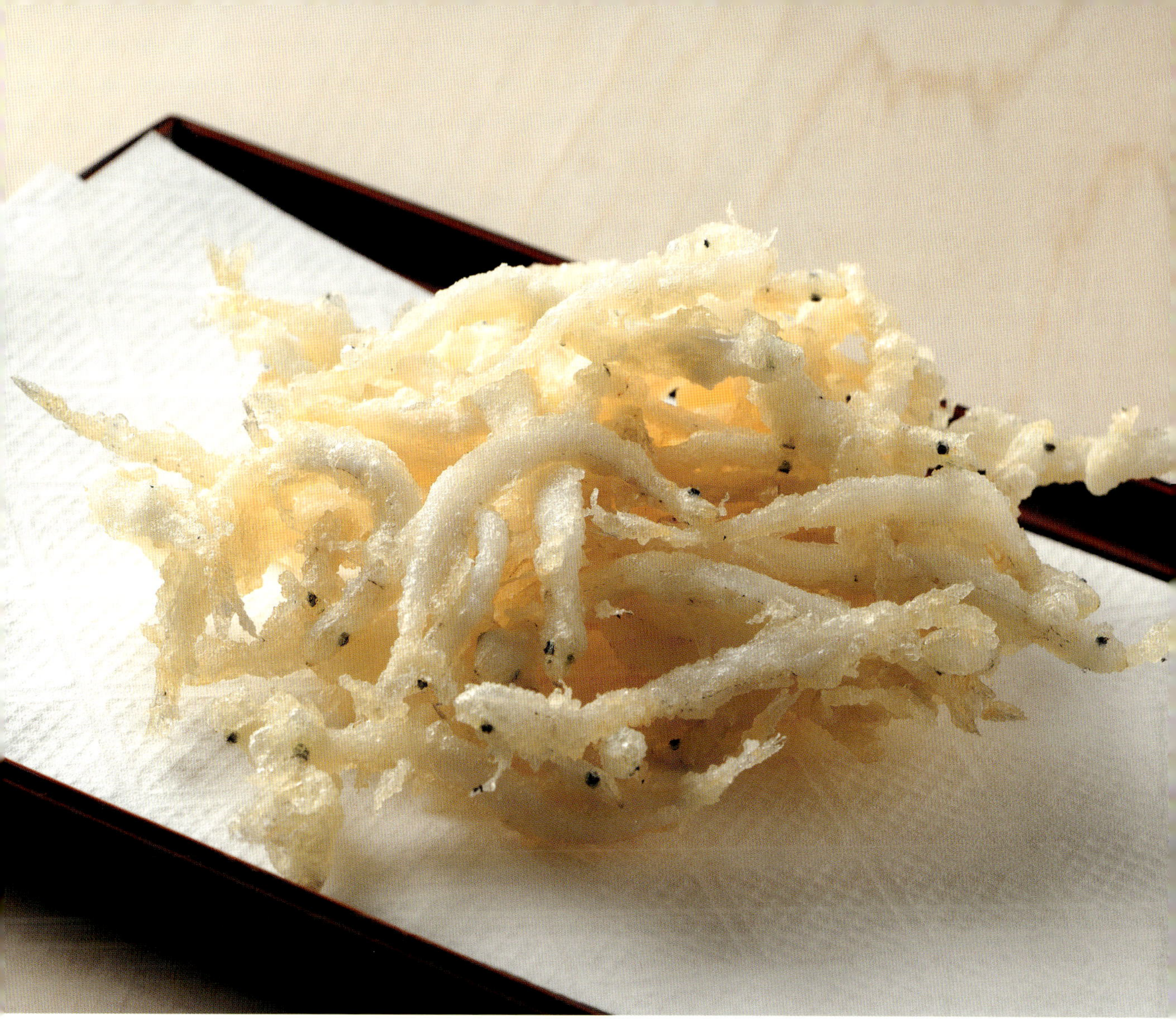

새끼 뱅어

Whitebait

아직 덜 자라서 작은 겨울철 뱅어는 가키아게로 튀긴다. 처음에는 따로따로 흩어지게 넣어서 골고루 익힌 다음(50% 정도), 젓가락으로 모아서 한 덩어리로 만든다. 너무 익히지 않도록 주의한다.

뱅어의 아름다운 표면을 살려서 하얗게 튀긴다. 처음에는 1마리씩 따로따로 흩어놓고 익히지만, 너무 익지 않도록 바로 한 덩어리로 모은다. 지나치게 오래 튀기지 않도록 주의한다.

밀가루 ▶ 반죽 매우 묽음 ▶ 기름 180℃ ▶ 모으기 170℃

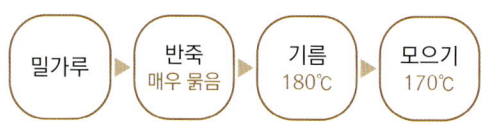

튀김의 기술

4 튀김용 국자로 뱅어를 떠서 모은다. 반죽을 잘 털어낸다.

8 1번 뒤집는다.

1 볼에 뱅어를 넣고 밀가루를 넣어 묻힌다.

5 180℃에 가깝게 가열한 기름에 조심스럽게 넣는다. 튀김옷이 흩어지고 작은 기포가 많이 생긴다.

9 소리가 잠잠해지고 기포가 적어지면 건진다.

2 기본 반죽을 넣는다.

6 뱅어를 모두 골고루 익히기 위해 일단 젓가락으로 흩어놓는다.

10 기름기를 뺀다.

3 튀김용 국자로 달걀물을 넣는다. 국자로 떴을 때 줄줄 흘러내릴 정도로 묽게 만든다.

7 바로 젓가락으로 모아서 한 덩어리로 만든다. 170℃를 유지한다.

쥐치 | Leatherjacket

쥐치는 간이 커지는 2~4월에 튀김으로 먹는 생선이다.

　일본에서는 쥐치를 스시나 회 등 날것으로 주로 먹는데, 이런 쥐치로 튀김을 하기 위해 연구한 끝에 쥐치 간에서 해답을 찾았다. 맛있기로 유명한 쥐치의 간을 살 사이에 끼워서 튀긴 다음, 간에 잘 어울리는 와사비와 소금을 곁들여서 먹는 것이다.

　쥐치는 몸 전체가 단단한 껍질로 덮여 있기 때문에, 껍질을 벗겨서 사용한다. 손질할 때는 간이 손상되지 않게 주의한다. 최근에는 큰 간을 가진 양식 쥐치도 유통되고 있다. 여기서는 이케지메한 가나가와현 사지마산 쥐치를 사용하였다.

밑손질

간 부분의 튀김옷이 벗겨지기 쉽기 때문에 양손으로 잡고 조심스럽게 기름에 넣는다. 살 속에 간을 넣었기 때문에 오래 튀기는데, 온도가 180℃보다 높으면 간이 타기 때문에 주의해야 한다. 조금씩 위로 떠오르기 시작하면 건진다. 간이 살짝 익을 정도로만 튀긴다.

1　아가미뚜껑 끝부분과 등지느러미와 배지느러미가 붙어 있는 끝에 칼집을 내서 껍질을 자른다.

2　칼집 낸 부분부터 껍질을 벗긴다.

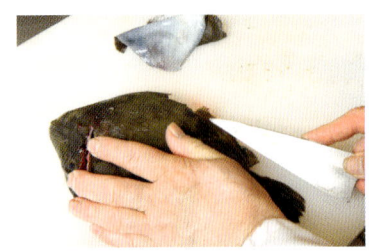

3　반대쪽은 등지느러미가 붙어 있는 끝부분에 칼집을 내고 껍질을 벗긴다.

4　양쪽 껍질을 모두 벗긴 상태.

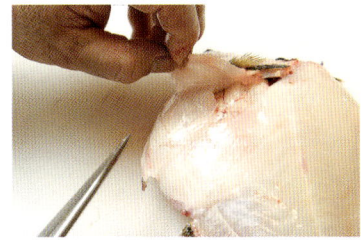
5 간을 자르지 않도록 주의하면서, 연골을 잘라 분리한다. 반대쪽도 같은 방법으로 한다.

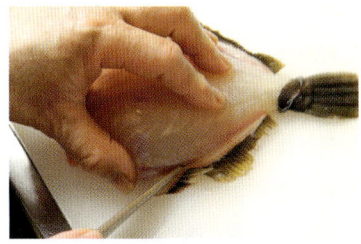
10 등지느러미와 배지느러미를 따라 양쪽에 칼집을 낸다.

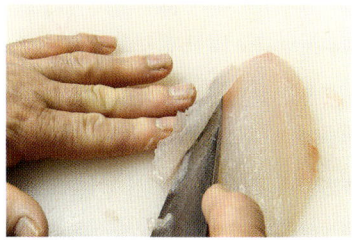
15 배뼈를 얇게 잘라내고, 다른 한 장의 살도 같은 방법으로 배뼈를 자른다.

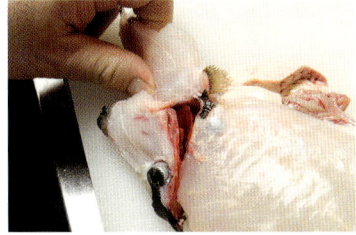
6 잘라낸 연골 부위를 연다.

11 등지느러미와 배지느러미를 잘라낸다.

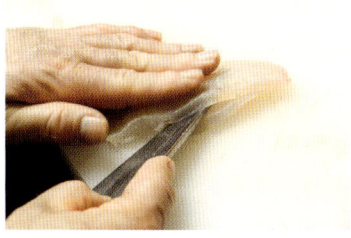
16 결이 달라지는 부분에 칼을 넣어 살을 주머니처럼 만든다.

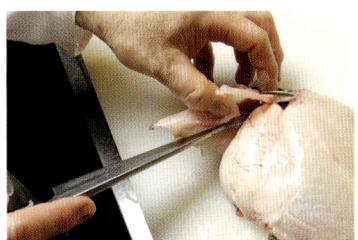
7 아가미뚜껑이 붙어 있는 부분까지 자른다.

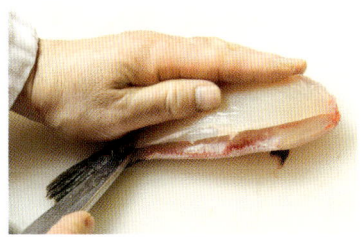
12 등지느러미를 잘라낸 부분부터 등뼈까지 가운데뼈를 따라 자른다.

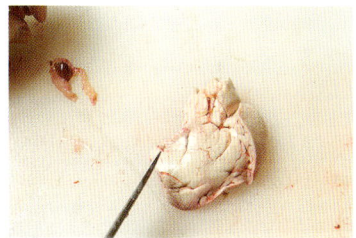
17 간에 붙어 있는 힘줄을 떼어낸다.

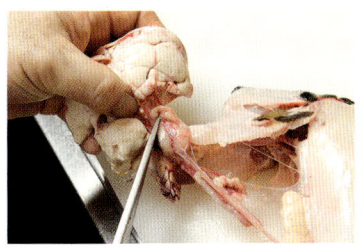
8 조심스럽게 간을 꺼낸다.

13 배지느러미를 잘라낸 부분부터 등뼈까지 가운데뼈를 따라 자른다.

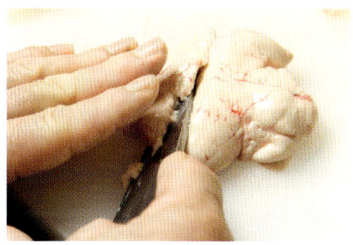
18 16의 주머니에 들어가도록 간을 얇게 썬다.

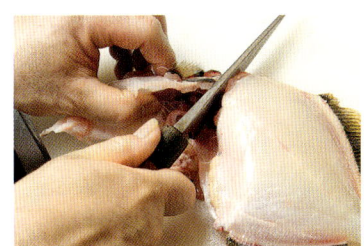
9 머리를 자르고, 간도 함께 잘라낸다.

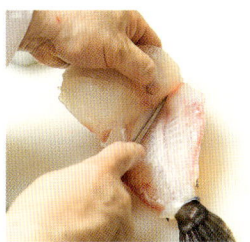
14 등뼈에서 살을 잘라서 분리하고, 배뼈가 붙어 있는 부분을 잘라서 한쪽 살을 분리한다. 반대쪽도 같은 방법으로 분리한다.

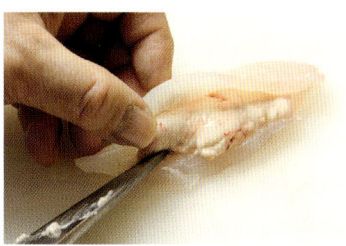
19 주머니 속에 간을 넣는다.

튀김의 기술

1 전체에 밀가루를 묻히고 여분의 밀가루를 털어낸다.

4 처음에는 작은 기포가 많이 생긴다.

7 기름기를 뺀다.

2 채소를 튀길 때보다 조금 되직한 반죽에 넣어 튀김옷을 입힌다.

5 2~3번 뒤집으면서 튀긴다. 온도는 175℃를 유지한다.

3 180℃ 기름에 조심스럽게 넣는다.

6 기포가 적어지면 건진다.

3 채소 튀김

春 봄채소

감자 / Potato

튀김을 만들 때는 식감이 비슷한 재료들을 조합하는 것이 좋다. 여기서는 감자 사이에 다진 산초잎을 넣어 버무린 밥을 넣고 튀겼다. 밥의 찰기가 감자의 식감과 잘 어울린다. 산초잎 대신 잎새버섯처럼 식감이 있는 재료를 밥에 섞어도 좋다. 소금에 찍어 먹으면 맛있다.

주먹밥에 간장을 발라서 굽는 방법으로도 응용할 수 있다.

감자의 전분이 충분히 익도록 오래 튀긴다. 위로 조금씩 떠오르기 시작하면 건져서 남은 열로 익힌다.

밀가루 → 반죽 조금 되직함 → 기름 170℃ ~ 180℃

밑손질

1 향을 살리기 위해 산초잎을 굵게 다진다.

5 다시 비닐랩을 덮고 누름틀 뚜껑으로 누른다. 밥 높이가 1cm 정도 되게 무거운 물건으로 눌러둔다.

2 밥에 1의 산초잎을 넣고 섞는다.

6 밥을 눌러놓은 상태에서 감자를 준비한다. 감자는 껍질을 두껍게 벗기고 1cm 두께로 둥글게 썬다.

3 누름틀에 비닐랩을 깔고 틀을 끼운다.

7 5의 틀을 분리한 다음, 감자 크기에 맞춰 밥을 자른다.

밑손질을 마친 감자. 다진 산초잎을 넣고 버무린 밥을 사이에 넣는다.

4 2의 밥을 누름틀의 1/3 높이까지 평평하게 채운다.

8 2장의 감자 사이에 밥을 끼워 넣는다. 삐져나온 밥을 정리한다.

튀김의 기술

1 밀가루를 전체에 묻히고, 여분의 밀가루를 털어낸다.

4 중간중간 뒤집으면서 튀긴다. 소리가 조금 잠잠해지고 노릇해지기 시작했다.

7 키친타월로 감싸서 2~3분 정도 남은 열로 찐다. 반으로 잘라서 자른 면이 보이게 접시에 담는다.

2 감자와 밥이 떨어지지 않도록, 조금 되직한 반죽에 넣어 튀김옷을 입힌다.

5 사진처럼 기포가 잦아들고 노릇노릇한 색이 진해지면 건진다.

3 170~180℃ 기름에 조심스럽게 넣는다. 감자 주변에 작은 기포가 생긴다.

6 기름기를 뺀다.

그린 아스파라거스

Green asparagus

아스파라거스의 제철은 봄이다. 싱싱하고, 도톰하며, 끝부분이 단단한 색이 고운 아스파라거스를 고른다.

여기서 사용한 아스파라거스는 홋카이도 니캇푸의 농가에서 공급받은 것이다. 도톰하고 부드러운 아스파라거스를 구하기 위해 여러 곳을 거쳐 찾아냈다.

아스파라거스는 뿌리가 두껍지 않으면 줄기도 두껍게 자라지 않는다. 사진은 5~6년 자란 아스파라거스의 줄기이다. 더 두꺼운 것 중에는 11년 정도 자란 것도 있다.

갓 튀긴 아스파라거스를 자르면 흘러나오는 즙에서 향을 느낄 수 있다. 튀기는 동안 수분이 빠져나오지 않게 주의하고, 껍질 속에서 찌듯이 튀기는 것이 포인트이다.

아스파라거스 속에 있는 수분으로 찌듯이 튀긴다. 50% 정도 익으면 건져내고, 껍질 속에서 가열된 수분의 열로 좀 더 익혀서 아삭아삭한 식감을 살린다.

밀가루 → 반죽 묻음 → 기름 175℃ → 170℃

밑손질

밑손질을 마친 아스파라거스.

튀김의 기술

1 왼손으로 아스파라거스를 잡는다.

1 아스파라거스에 밀가루를 묻힌다. 이삭 끝부분은 반죽이 뭉쳐서 두툼해지기 쉬우므로 밀가루를 많이 묻히지 않는다.

4 흩어진 튀김부스러기를 걷어낸다. 기포가 잠잠해지고, 자른 면이 위로 떠오르면 건진다.

2 오른손으로 끝부분을 잡고 부러트린다.

2 여분의 밀가루를 털고, 반죽에 넣어 튀김옷을 입힌다. 아스파라거스의 색깔이 보이도록 반죽을 얇게 입힌다.

5 기름기를 뺀다.

3 175℃ 기름에 아스파라거스를 넣으면 기포가 많이 생긴다. 온도가 높으면 이삭 끝부분이 타기 쉬우므로 주의한다. 170℃를 유지한다.

누에콩 / Broad bean

어린 누에콩은 다 자라면 검은색이 되는 눈부분이 녹색이다. 튀김으로는 조금 어린 콩을 골라야 튀겼을 때 색깔이 곱다. 오랫동안 튀기면 색깔이 보기 싫게 변하므로 속은 부드럽고 겉은 보기 좋게 튀겨지는 때를 잘 가늠해야 한다.

모든 콩을 골고루 익히기 위해서 콩이 서로 살짝 붙어 있을 정도로 매우 묽은 튀김옷을 입혀서 튀기고, 누에콩의 향을 살리는 것이 중요하다.

튀김의 기술

반죽은 매우 묽게 만든다. 가키아게의 경우 반죽이 밑에 고이는 경우가 많기 때문에 튀김용 국자로 떴을 때 밑으로 줄줄 흘러내릴 정도로 반죽을 묽게 만든다.
어린 누에콩이 타지 않고 향도 살리기 위해서는, 낮은 온도에서 오래 튀겨야 누에콩 특유의 향을 살릴 수 있다. 또, 콩 속 수분을 알맞게 빼야 보송보송한 식감을 살릴 수 있다. 튀김옷을 매우 얇게 입혔기 때문에 높은 온도에서 튀기면 누에콩이 탈 수 있으므로 주의한다.

밀가루 → 반죽 매우 묽음 → 기름 175℃ → 170℃

1 볼에 껍질을 벗긴 콩을 넣고, 밀가루를 적당히 넣어서 골고루 묻힌다.

2 기본 반죽을 적당히 넣는다. 튀김용 국자로 달걀물을 넣어서 매우 묽게 만든다.

밑손질

1 양손으로 콩깍지를 비틀어서 열어 콩을 꺼낸다.

3 껍질을 돌려서 벗긴다.

2 어린 누에콩의 눈은 아직 옅은 녹색이다.

4 눈부분에서 마무리하면 깔끔하게 벗길 수 있다.

3 사진은 아직 조금 되직한 상태.

4 콩 주변에 얇은 막을 씌운 것처럼 될 정도로 반죽을 묽게 만든다. 반죽이 밑에 고일 수 있으므로 최대한 묽게 한다.

7 온도가 올라가지 않도록 불을 끈 다음, 바로 콩을 조심스럽게 넣는다.

10 기포가 커지고 적어지면 건진다.

5 기름 온도를 조절한다. 반죽을 조금 떨어뜨리면 천천히 가라앉고 잠시 동안 떠오르지 않는다.

8 일단 가라앉는다. 불을 다시 켜고 170℃를 유지한다. 콩이 흩어지면 젓가락으로 모은다.

11 모양이 망가지지 않도록 주의해서 젓가락으로 튀김을 건지고, 기름기를 뺀다.

6 튀김옷이 천천히 위로 떠오르면 적당한 온도(175℃)이다. 기름에 넣었을 때 튀김옷이 사방으로 흩어지지 않도록 온도를 조금 낮게 조절한다.

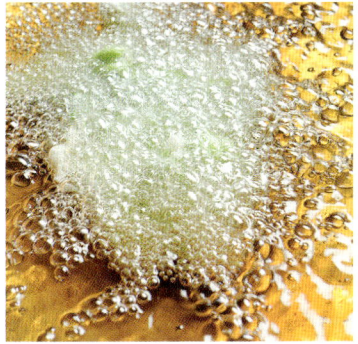

9 위로 떠오르고 하얗고 작은 기포가 많이 생긴다. 튀김옷에서 수분이 많이 나오기 때문이다. 온도는 계속 170℃를 유지한다.

양하

Japanese ginger

산뜻한 향과 아삭한 식감이 매력적인 채소. 5월경부터 튀김 재료로 사용하기 시작한다. 색이 곱고, 단단하게 말려 있는 것을 고른다.

한여름에 나오는 양하가 향은 더 좋지만 조직이 단단해서 튀김으로 적합하지 않고, 5~6월에 나오는 양하가 부드러워서 튀김으로 먹기 좋다.

튀김옷을 얇게 입혀 양하의 붉은 색을 살린다. 양하는 여러 겹이기 때문에 170℃를 유지해서 속까지 잘 익힌다.

밀가루 ▶ 반죽 묽음 ▶ 기름 170℃

밑손질

튀김의 기술

밑손질을 마친 양하.

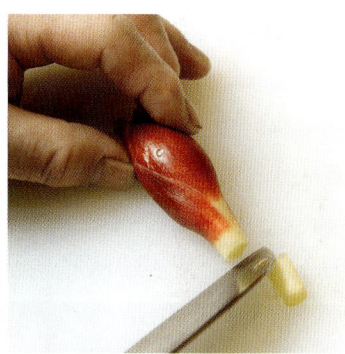

1 끝을 잘라서 가지런히 정리한다.

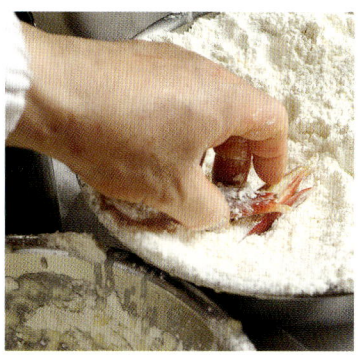

1 밀가루를 묻히고 여분의 밀가루를 턴다. 양하의 색깔이 보이도록 묽은 반죽에 넣어 튀김옷을 입힌다.

4 기름기를 뺀다.

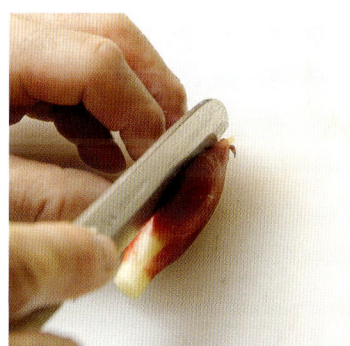

2 세로로 2등분한다.

2 기름 온도가 170℃가 되면 가능한 한 양하에 기름이 배지 않도록 자른 면이 위로 오게 넣는다. 작은 기포가 많이 생기고, 흩어진 튀김부스러기는 걷어낸다.

3 도톰한 부분에 먹기 편하도록 칼집을 어슷하게 1줄 낸다.

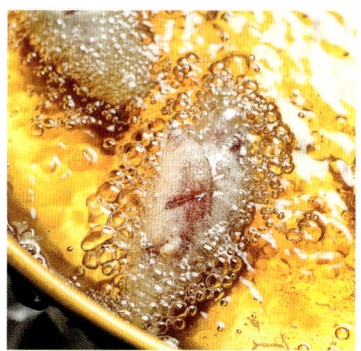

3 중간에 2~3번 정도 뒤집는다. 기포가 점점 잠잠해지고 사진과 같은 정도가 되면 건진다.

영콘

Young corn

5~6월 옥수수가 다 자라기 전에 어린 옥수수를 솎아내는데, 이것을 영콘 또는 베이비콘이라고 한다.

   아직 덜 자란 영콘은 식감과 향이 생명이다. 끝부분에 붙어 있는 수염이 향을 지켜주는 역할을 하므로 반드시 수염이 있는 껍질에 싸인 것을 구입해야 한다. 껍질을 벗기면 본래의 향이 날아간다.

낮은 온도에서 익히고, 마지막에 온도를 올려 고소한 향을 낸다.

밀가루 ▶ 반죽 되직함 ▶ 기름 170℃ → 180℃

밑손질

밑손질을 마친 영콘.

튀김의 기술

1 영콘이 부러지지 않게 주의하면서 겉껍질과 수염을 벗긴다.

2 끝부분을 잘라 가지런히 정리한다.

1 밀가루를 묻히고 여분의 밀가루를 털어낸다. 되직한 반죽에 넣어 튀김옷을 입힌다.

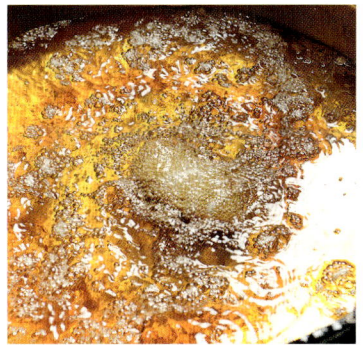

2 기름 온도가 170℃가 되면 영콘을 넣는다. 기름 전체에 큰 기포가 생긴다. 흩어진 튀김부스러기를 걷어낸다.

3 시간을 들여 오래 튀긴다. 전체가 고르게 위로 떠오르고 기포가 적어지면, 마지막에는 180℃로 올려서 튀긴다.

4 건져서 기름기를 뺀다.

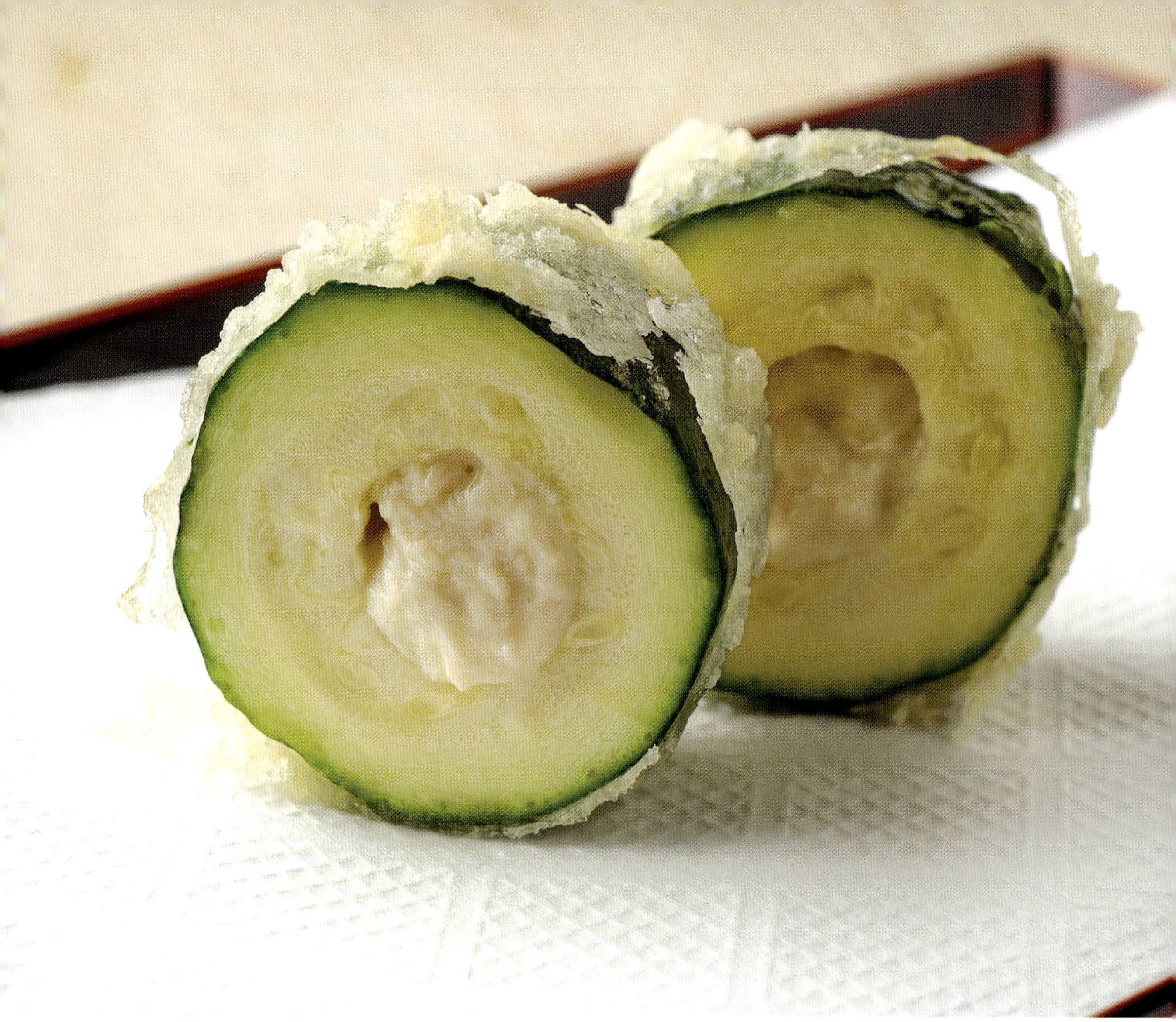

주키니

Zucchini

주키니 속에 두유로 만든 부드러운 생유바를 넣고 튀기는 봄에 어울리는 튀김. 유바의 담백한 맛이 주키니와 잘 어울린다. 유바는 본래 주키니와 궁합이 좋은 치즈와 비슷한 성질을 갖고 있다.

이 시기의 주키니는 아직 덜 자라서 껍질과 속살이 부드럽다. 가열하면 더 부드러워지기 때문에, 유바와 주키니가 하나가 되어 살살 녹는 듯한 식감이 된다. 자라면 껍질이 질겨지므로 한여름보다는 4월경에 사용하는 것이 좋다.

유바와 주키니의 맛을 살리기 위해 오래 튀긴다. 껍질이 매끄럽기 때문에 튀기는 중간에 튀김옷이 벗겨지기 쉽다. 튀김옷을 전체에 고르게 입히면 잘 벗겨지지 않으므로, 밀가루를 골고루 잘 묻히고 충분히 털어낸 다음에 튀김옷을 입히는 것이 중요하다. 밀가루를 골고루 묻히지 않으면 튀김옷도 고르게 입혀지지 않아서 벗겨지기 쉽다.

밑손질

밑손질을 마친 주키니. 5.5㎝ 길이로 일정하게 자르고, 속에 유바를 넣었다.

튀김의 기술

1 꼭지를 잘라내고 일정한 길이로 자른다. 길이 5.5㎝, 지름 3.5㎝ 정도가 알맞다.

1 밀가루를 전체에 묻힌다.

5 튀김옷이 굳어지면 돌려서 뒤집는다.

2 가운데 씨부분을 둥근 틀로 찍어서 빼낸다. 비뚤어지지 않도록 틀을 똑바로 넣는다.

2 기본 반죽에 넣어 튀김옷을 입힌다.

6 전체적으로 튀김옷이 굳어지면 골고루 익도록 돌려주면서 튀긴다.

3 속을 빼낸 부분에 생유바를 채워 넣는다. 공기가 들어가지 않도록 숟가락으로 잘 눌러가면서 넣는다.

3 170℃ 기름에 조심스럽게 넣는다.

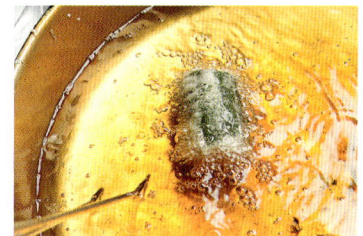

7 기포가 적어지면 건진다.

4 기름에 잠긴 부분의 튀김옷이 충분히 굳어질 때까지 그대로 튀긴다.

8 기름기를 빼고 반으로 잘라서 제공한다.

죽순

Bamboo shoot

4월 초부터 3주 동안 교토 쓰카하라 지역에서 아침에 채취하여 바로 보내 주는 시로코 죽순을 사용한다. 위까지 붉은 흙을 덮어 재배하여 새하얗 고 부드러운 것이 특징이다. 공기가 잘 통하고 빛은 막아주는 검은 봉지 에 담아서 배달된다.

아침에 채취한 것이므로, 떫은맛을 제거하지 않고 그대로 튀겨서 봄의 향을 즐길 수 있다. 향에 방해되지 않도록 소금에 찍어 먹는 것이 좋다. 튀김용으로는 200~300g 정도의 작은 죽순이 좋다.

튀김옷을 얇게 입혀서 죽순의 씹는 맛을 살리고, 날것에는 없는 익힌 죽순의 감칠 맛을 즐기기 위해 30~50% 정도 익힌다.

밀가루 ▶ 반죽 묽음 ▶ 기름 170℃

밑손질

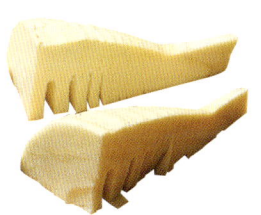

밑손질을 마친 죽순.

3 죽순이 상하지 않도록 세로로 칼집을 낸다.

6 칼로 껍질을 긁어낸다.

1 뾰족한 이삭 끝부분을 어슷하게 잘라낸다.

4 단단한 껍질과 속껍질을 벗긴다.

7 세로로 2등분하고, 다시 한 번 2등분한다. 신선한 것일수록 갈라지기 쉬우므로 주의한다.

2 아랫부분을 잘라낸다.

5 위아래로 나누는데, 윗부분은 튀김에 사용하고, 아랫부분은 조림 등에 사용한다.

튀김의 기술

1 전체에 밀가루를 묻히는데, 마디 사이사이에 밀가루가 뭉치지 않도록 여분의 밀가루를 잘 털어 낸다.

4 뒤집는다. 껍질 쪽이 딱딱해서 익는 데 시간이 걸리므로 좀 더 오래 튀긴다.

2 묽은 반죽에 넣어 튀김옷을 입힌 다음 여분의 반죽을 턴다.

5 기포가 적어지기 시작하고 전체가 위로 떠오르면 건진다.

3 껍질 쪽이 위로 오게 170℃ 기름에 넣는다. 일단 가라앉은 다음 작은 기포가 많이 생긴다.

6 기름기를 뺀다.

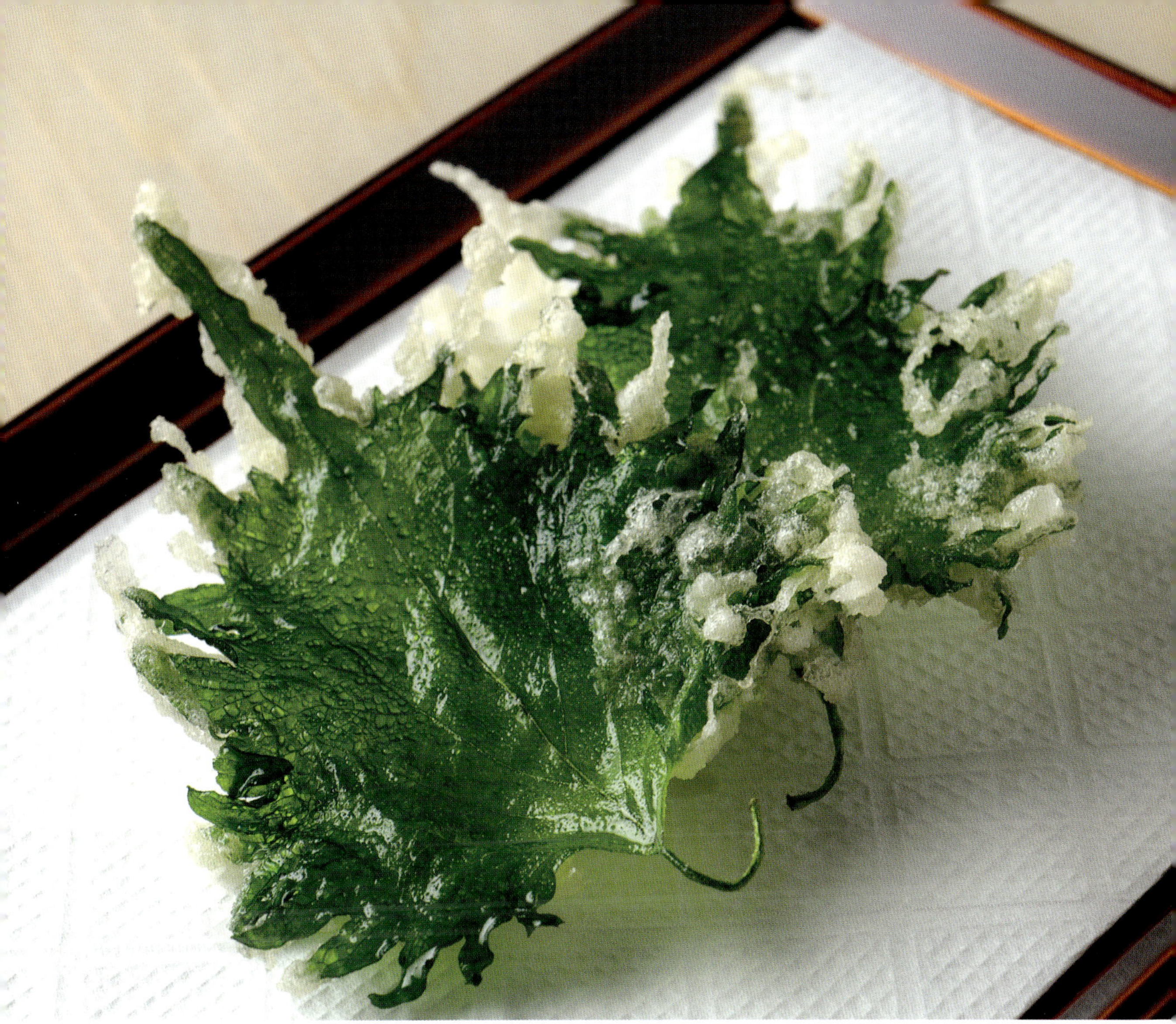

차즈기

Green perilla

녹색 차즈기(청소엽) 잎을 튀김으로 즐긴다.

맏물 차즈기 잎을 사용하는데, 부드럽고 주름진 잎을 고른다. 차즈기 잎의 녹색을 살리기 위해서, 잎의 뒷면에만 밀가루와 반죽을 입힌다. 특별히 밑손질할 것은 없지만, 꼭지부분을 잘라내지 않고 남겨두면 튀길 때 편리하다.

바삭바삭하게 튀기는 것이 중요하다. 튀김옷이 노릇해지지 않도록 주의해서 살짝 튀긴다.

잎의 뒷면이 아래로 가게 넣는다. 바삭해지면서 부풀어오르면 바로 뒤집어주고, 다시 한 번 뒤집는다. 이 과정이 10~15초 사이에 이루어져야 한다.

튀김의 기술

1 꼭지를 잡고 잎 뒷면에 사진처럼 밀가루를 살짝 묻힌다.

4 튀김옷이 굳어지고, 튀김옷과 차즈기 잎 사이에 공기가 들어가 잎이 부풀기 시작하면 뒤집어야 할 때이다.

7 건져서 기름기를 뺀다.

2 밀가루를 묻힌 뒷면에 조금 묽은 반죽으로 튀김옷을 입힌다.

5 뒤집은 다음 불을 약하게 줄인다.

3 180℃ 기름에 뒷면이 아래로 가게 넣는다.

6 다시 한 번 뒤집고, 마지막으로 온도를 170℃ 정도까지 올린다. 기포가 거의 생기지 않는다.

튀김용 냄비의 손질과 준비

다 쓴 기름은 버리고,
튀김부스러기는 고무주걱으로 긁어서 제거한다.
기름은 폐유업자가 정기적으로 회수한다.

5 사용할 때는 냄비를 불에 올려서 수분을 완전히 날린다. 조금이라도 수분이 남아 있으면 그 부분에 반죽이 달라붙기 쉽다.

1 기름을 비운 냄비에 분말세제(액체세제보다 잘 닦인다)를 전체적으로 뿌리고, 중성세제와 물을 조금 넣는다.

3 가장자리까지 꼼꼼히 닦고, 냄비 안쪽을 모두 닦은 다음 물로 헹군다.

6 냄비가 색깔이 변하고, 탁탁 소리가 날 때까지 달군다. 키친타월로 냄비에서 배어나온 수분이나 불순물을 잘 닦아낸다.

2 젖은 수세미로 냄비 바닥을 닦는다. 철수세미를 사용하면 냄비에 상처가 날 수 있다.

4 깨끗이 헹군 다음 마른 행주로 물기를 완전히 닦아서 보관한다.

7 미리 섞어둔 참기름(p.18 참조)을 냄비 높이의 1/3 정도까지 붓는다. 이 높이가 기본이다. 고구마를 튀길 때는 1/2 높이까지 붓고, 튀기는 양이 많을 경우에는 조금 적게 붓는다.

春 봄나물

갯방풍

Glehnia littoralis

바닷가에 자생하는 나물로 잎은 윤기가 나고 두툼하다.

약재로 사용하거나 회에 곁들이는 나물로 많이 알려져 있지만, 튀김으로 먹어도 맛있다. 튀기면 줄기의 끈적한 단맛이 살아난다. 갯방풍의 특징인 윤기 있는 잎을 태우지 않도록 주의해서 튀긴다.

잎에는 튀김옷을 입히지 않고 자연 그대로의 색과 모양을 살려서 튀긴다. 줄기는 단맛을 살리기 위해 오래 튀기지만, 잎은 쓴맛이 남기 때문에 살짝 튀겨야 한다. 잎이 타지 않도록 주의한다.

밀가루 줄기 → 반죽 조금 묽음 → 기름 170℃

튀김의 기술

4 그대로 줄기부터 170℃ 기름에 넣는다.

8 기포가 적어지면 다시 한 번 뒤집는다.

1 4~5줄기를 모아서 묶음을 만든다.

5 작은 기포가 많이 생기고 튀김옷이 흩어진다. 튀김부스러기를 걷어낸다.

9 튀김용 젓가락으로 눌렀을 때 줄기부분이 바로 떠오르면 건진다.

2 묶음을 고정시키기 위해 줄기에 밀가루를 묻힌다.

6 익는 데 시간이 걸리는 줄기부분을 튀김용 젓가락으로 눌러서 튀김옷이 잘 붙게 한다.

10 기름기를 뺀다.

3 조금 묽은 반죽에 줄기를 중심으로 넣어 튀김옷을 입힌다.

7 기포가 잦아들고 아래쪽 튀김옷이 굳어지기 직전에 뒤집는다. 다시 작은 기포가 많이 생긴다.

고시아부라

Acanthopanax sciadophylloides

두릅나무과에 속하는 일본 고유종으로 '새싹의 왕자' 또는 '산나물의 여왕'이라고도 한다. 특유의 풍미가 있어 인기가 많다. 자연스러운 모습을 살리기 위해 튀김옷은 얇게 입히고, 어린 잎이 피어난 모양을 재현하기 위해 잎이 활짝 펴지게 기름에 넣는다.

식용하는 것은 이른 봄에 나오는 어린 잎인데, 너무 자란 것은 잎이 완전히 벌어지고 크고 단단해서 식용으로 적합하지 않다.

밀가루는 묻히지 않고 매우 묽은 반죽에 넣어 튀김옷을 입힌 다음, 여분의 튀김옷을 떨어뜨리기 위해서 띄우듯이 기름 위에 넣는다. 잎의 색깔이 선명하게 살도록 튀긴다.

반죽 매우 묽음 → 기름 170~175℃

튀김의 기술

1 매우 묽은 반죽에 밑동부분을 담근다.

2 잎이 보기 좋게 펴지도록 밑동부분을 잡고 잎 전체에 튀김옷을 입힌다.

3 고시아부라의 자연스러운 모습을 살리기 위해, 170℃ 기름에 잎이 펴지도록 넣어서 여분의 튀김옷이 흩어지게 만든다.

4 작은 기포가 많이 생긴다. 어느 정도 기포가 잦아들면 튀김부스러기를 걷어낸다.

5 기포가 적어지고 아래쪽의 튀김옷이 굳어지면 뒤집을 때이다. 차즈기 잎을 뒤집는 요령(p.122 참조)과 같다.

6 뒤집어서 살짝 튀긴다. 앞면은 30% 정도, 뒷면은 70% 정도 익힌다.

7 다시 한 번 뒤집은 다음, 기포가 적어지고 잎 색깔이 좀 더 선명해지면 건진다.

8 기름기를 뺀다.

두릅

Edible shoots of a fatsia

두릅나무의 어린 싹으로, 나무에서 난다고 하여 '나무두릅'이라고도 한다. 4~5월이 제철이며 부드러운 식감이 매력적이다. 끝부분이 단단히 말려 있는 것을 고른다. 모양이 원통형에 가깝고 겉면이 매끈거려서 튀김옷을 입히기도 어렵고 벗겨지기도 쉽다. 튀기는 중간에 튀김옷이 벗겨지면 그 부분이 타기 쉬우므로 주의한다.

너무 오래 튀기면 향이 사라진다. 10% 정도 덜 익혀야 향을 즐길 수 있다.

밀가루 ▶ 반죽 묻음 ▶ 기름 170~175℃

밑손질

1 밑동의 딱딱한 부분을 잘라낸다.

2 싹을 덮고 있는 껍질을 벗겨낸다.

3 밑동을 둥글게 깎는다.

4 밑손질을 마친 두릅.

튀김의 기술

1 두릅 색깔을 살리기 위해, 기본 반죽에 달걀물을 넣어 묽게 조절한다.

2 두꺼운 젓가락으로 반죽을 떴을 때 주르륵 흘러내릴 정도로 조절한다.

3 전체에 밀가루를 골고루 묻히고, 여분의 밀가루를 털어낸다. 원통형이기 때문에 반죽이 흘러내려서 아랫부분에 뭉치기 쉽다. 밀가루를 묻히면 반죽이 잘 흘러내리지 않는다.

4 반죽에 넣어 튀김옷을 입힌다.

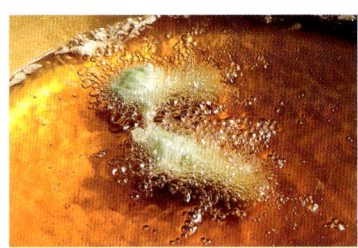

5 170~175℃ 기름에 넣는다. 처음에는 작은 기포가 많이 생긴다.

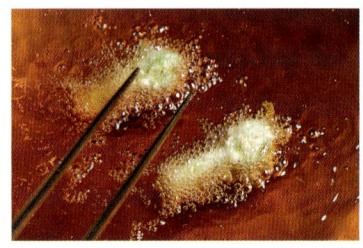

6 뒤집으면서 튀김옷을 골고루 익힌다. 뒤집지 않고 익히면 아랫부분이 무거워지면서 튀김옷이 한쪽으로 쏠리기 때문에 윗부분의 튀김옷이 벗겨져서 타기 쉽다.

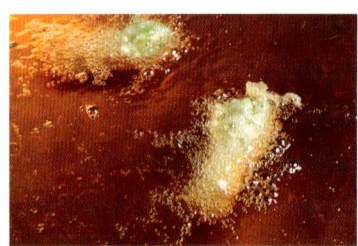

7 기포가 커지고 적어지면 건진다.

8 기름기를 뺀다.

머위 꽃봉오리
Butterbur sprout

이른 봄, 아직 녹지 않은 눈 속에서 힘겹게 얼굴을 내민 머위 꽃봉오리. 밀가루는 묻히지 않고 묽은 반죽으로 튀김옷을 입혀서, 반쯤 눈에 덮인 머위 꽃봉오리를 표현하였다.

꽃봉오리의 꽃받침을 벌리지 않고 그대로 튀기면 아린 맛이 꽃봉오리 속에 남아서 색깔이 검어진다.

꽃의 아린 맛을 줄이기 위해 꽃받침을 벌려서 튀긴다. 벌리지 않고 튀기면 꽃의 아린 맛 때문에 색깔이 검어진다. 온도를 높이지 않고, 눈에 덮인 것처럼 하얗게 튀긴다.

밑손질

튀김의 기술

4 꽃은 타기 쉬우므로 바로 뒤집는다. 2~3번 정도 뒤집으면서 자연스러운 모양을 만든다.

1 젖은 면보로 부드럽게 닦아서 불순물을 제거한다.

1 기본 반죽에 달걀물을 넣어 묽게 조절한다.

5 중간에 불을 껐다 켰다 하면서 170℃를 유지한다.

2 꽃받침을 1장씩 조심스럽게 벌린다. 너무 힘을 주면 떨어지므로 주의한다. 자연스러운 모양이 되도록 살짝 벌린다.

2 반죽에 머위 꽃봉오리 전체를 담가서 튀김옷을 입힌 다음, 여분의 반죽을 털어낸다.

6 기포가 커지고 적어지면 건진다.

3 170℃ 기름에 꽃이 아래를 보게 넣는다.

7 기름기를 뺀다.

멧미나리

Water dropwort

산이나 숲의 습기가 많은 땅이나 물가에서 자란다. 봄철에 새로 나는 부드러운 멧미나리를 사용한다.

튀길 때는 산나물 고유의 색과 맛을 살리기 위해 작게 자르지 않고 원래 모양 그대로 튀긴다.

반죽 묽음 → 기름 175℃

튀김의 기술

1 줄기가 너무 길면 손으로 자른다.

2 묽은 반죽에 전체를 넣어서 튀김옷을 골고루 입힌 다음, 여분의 반죽을 턴다.

3 잎을 펼쳐서 자연스러운 모양이 되도록 175℃ 기름에 넣는다.

4 처음에는 작은 기포가 많이 생긴다.

5 기포가 적어지면 건진다.

6 언제 건져야 할지 잘 모를 때는 일단 젓가락으로 눌러보아서 바로 떠오르면 건진다.

7 기름기를 뺀다.

뱀밥

Horsetail

뱀밥은 쇠뜨기의 홀씨 줄기로 '토필'이라고도 한다. 3월이 되면 뱀밥이 얼굴을 내밀기 시작하는데, 먹을 수 있는 시기는 아주 잠깐이다. 순식간에 이삭 끝부분이 벌어지고 까칠까칠해져서 식감이 나빠진다.

뱀밥은 나물로 먹는 경우가 많지만, 알싸한 맛이 있어서 튀김으로 먹어도 좋다. 튀김옷을 얇게 입혀서 뱀밥의 하얀색을 볼 수 있게 튀긴다. 줄기부분은 부드러우면서도 아삭하게 완성한다.

알싸한 맛을 단맛으로 바꾸기 위해서 1개씩 넣고 튀기는데, 처음과 마지막의 시간차가 거의 나지 않을 정도로 재빨리 넣는다.

밀가루 ▶ 반죽 매우 묽음 ▶ 기름 170℃

밑손질

튀김의 기술

1 껍질은 아래쪽부터 벗긴다.

1 볼에 뱀밥을 담고 밀가루를 넣어 섞는다.

4 170℃로 가열한 기름에 뱀밥을 1개씩 넣는다. 온도가 낮으면 튀김옷에 기름이 흡수되므로 주의한다. 밑으로 가라앉는다.

2 껍질을 잡고 뱀밥을 한손으로 돌려서 벗긴다. 무리하게 잡아당기면 줄기가 손상되므로 주의한다.

2 기본 반죽을 넣는다.

5 위로 떠오르면 일단 불을 꺼서 온도를 낮춘다. 마지막으로 다시 불을 켜서 온도를 올리면 자연스럽고 생생한 모양으로 튀길 수 있다.

3 달걀물을 넣어서 반죽이 줄줄 흘러내릴 정도로 매우 묽게 만든다.

6 기름기를 뺀다.

산마늘

Allium victorialis

'명이나물'이라고도 하며 일본에서는 수행 중이던 행자가 이것을 먹고 힘을 얻게 되었다 하여 '행자마늘'이라고 한다. 마늘과 비슷하게 강한 향이 있고, 영양가도 매우 높다. 밑동이 붉은빛을 띠는 것이 특징이며, 뿌리는 둥근 모양이다. 줄기가 두껍고 싹이 벌어지지 않은 것을 고른다.

기름과 궁합이 잘 맞아서 튀김으로 먹기 좋은 산나물이다. 향이 강하기 때문에 잎을 벌려서 튀겨야 향을 부드럽게 완화시킬 수 있다. 여기서는 홋카이도산을 사용하였다.

튀김의 기술

향을 부드럽게 완화시키기 위해 잎 끝부분을 벌려 밀가루와 반죽을 묻히지 않고 튀긴다.

- 밀가루 줄기 중심
- 반죽 묽음
- 기름 170℃

1 줄기 중심으로 밀가루를 묻힌다. 튀길 때 잎이 벌어지도록 잎 끝부분에는 밀가루를 묻히지 않는다.

4 점점 기포가 커지고 잎이 벌어진다. 튀김부스러기를 걷어낸다.

2 묽은 반죽에 넣어 튀김옷을 입힌다. 잎 끝부분까지 반죽을 묻히면 잎이 벌어지지 않으므로 끝부분에는 반죽을 묻히지 않는다.

5 기포가 적어지면 건진다.

3 170℃ 기름에 넣는다. 작은 기포가 많이 생긴다.

6 기름기를 뺀다.

시도케

Cacalia delphiniifolia

국화과 박쥐나물속에 속하는 나물로 일본 고유 종이다. 잎 모양이 단풍잎(모미지)을 닮았다고 해서 일본에서는 '모미지가사'라고도 하며, 새로 난 잎을 나물로 먹는다. 줄기의 아삭아삭한 식감이 특징으로, 줄기는 두꺼운 것이 맛있다. 단풍잎을 닮은 잎 모양을 살리기 위해 보기 좋게 펼쳐서 튀긴다. 잎쪽 줄기는 가늘어서 부러지기 쉬우므로 잎을 적당히 솎아낸다.

잎이 부드러우므로 조금 높은 온도에서 튀긴다. 잎을 바삭하게 튀기기 위해서 차즈기처럼 잎 뒷면에만 밀가루와 반죽을 묻히고, 잎이 바삭바삭해지면 건진다.

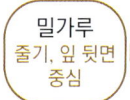

밀가루 (줄기, 잎 뒷면 중심) → 반죽 (묽음) → 기름 175℃

튀김의 기술

1 줄기와 잎 뒷면에 밀가루를 묻힌다.

2 반죽은 묽게 조절하고, 줄기와 잎 뒷면에만 튀김옷을 입힌다.

3 줄기를 잡고, 잎 뒷면이 아래로 향하고 잎이 넓게 퍼지도록 175℃ 기름에 넣는다.

4 작은 기포가 많이 생긴다. 튀김부스러기를 걷어낸다.

5 기포가 적어지고 뒷면의 튀김옷이 굳어지기 시작하면 뒤집는다.

6 잎이 바삭해지면 다시 뒤집는다.

7 잎이 바삭해지고 기포도 거의 생기지 않으면 건진다.

8 기름기를 뺀다.

야생 땅두릅나물

Wild Udo

두릅과 마찬가지로 두릅나무과에 속하지만 나무가 아닌 여러해살이풀로 땅에서 난다고 하여 '땅두릅나물' 또는 '독활'이라고 한다. 여기서는 밭에서 재배한 하얀 땅두릅나물이 아니라 특유의 향과 풍미가 살아있는 야생 땅두릅나물을 사용하였다. 새싹은 풋내가 있지만 쌉쌀한 맛은 없다. 줄기는 촉촉하고, 껍질은 향이 강하며, 식감은 아삭아삭하다.

각 부위의 장점을 살리기 위해서 싹, 줄기, 껍질을 따로따로 튀겨서 각각의 맛을 즐길 수 있게 한다.

곁줄기를 자르고 빼낸 부드러운 싹. 껍질을 벗긴 줄기와 벗겨낸 껍질은 도톰하게 썰어서 가키아게로 튀긴다.

채소 튀김 ● 봄나물

| 밑손질 | 튀김의 기술 [싹] |

새싹이기 때문에 오래 튀기지 않고 자연의 맛을 살린다.

줄기는 충분히 튀겨야 하지만 너무 오래 튀기지 않도록 주의한다. 기포가 커지면 건져낸다.

껍질은 가키아게로 튀기는데, 향을 살리기 위해 매우 묽은 반죽으로 튀김옷을 얇게 입힌다. 반죽이 밑으로 흘러내리기 쉬우므로, 기름 온도를 조금 높여서 여분의 반죽이 흩어지게 한다. 모양이 잡히고 뒷면이 어느 정도 굳어질 때까지 그대로 튀기는데, 완전히 굳어진 후에 뒤집으면 완성된 튀김이 너무 딱딱해지므로 굳어지기 직전에 뒤집어야 한다.

[싹·줄기]   [껍질(카키아게)]

1 곁줄기를 손으로 자른다.

2 손으로 쉽게 잘리는 부분을 잘라서 싹을 빼낸다.

3 남은 줄기는 길이를 맞춰서 자른다.

4 껍질을 돌려깎기한다.

5 껍질은 두껍게 채썬다.

1 기본 반죽에 달걀물을 넣어 묽게 조절한다.

2 전체에 밀가루를 살짝 묻힌다.

3 묽게 조절한 반죽에 전체를 담가 튀김옷을 입힌다.

튀김의 기술 [줄기]

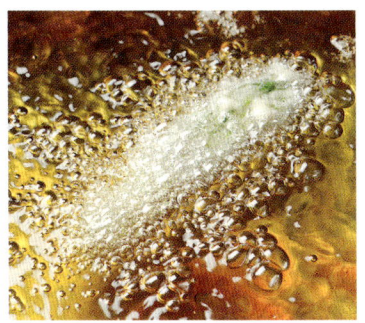

4 170℃ 기름에 넣는다. 처음에는 작은 기포가 많이 생긴다.

5 2~3번 정도 뒤집는다.

1 전체에 밀가루를 살짝 묻힌다.

4 고르게 익고 서로 들러붙지 않도록 튀김용 젓가락으로 저으면서 튀긴다.

6 기포가 커지고 적어지면 건진다.

2 묽은 반죽에 넣어서 튀김옷을 입힌다.

5 기포가 점점 커지고 줄기의 한쪽 면이 위로 떠오르면 건진다. 전체가 떠오를 때까지 튀기면 너무 많이 익는다.

7 기름기를 뺀다.

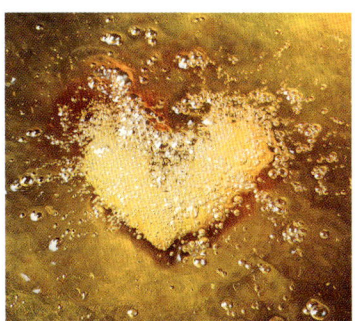

3 170℃ 기름에 넣는다. 처음에는 전체가 밑으로 가라앉는다.

6 기름기를 뺀다.

튀김의 기술 [껍질(가키아게)]

4 175℃ 기름에 넣는다. 튀김옷과 껍질이 흩어진다. 작은 기포가 많이 생긴다.

8 한 번 더 뒤집는다.

1 껍질을 볼에 넣고 밀가루를 적당히 묻힌다. 밀가루가 골고루 묻을 정도면 된다.

5 흩어진 껍질을 한 덩어리로 모은다. 튀김부스러기는 걷어낸다.

9 기포가 커지고 적어지면 건진다.

2 반죽을 넣고 달걀물을 섞는다.

6 아랫부분이 굳어지기 직전에 뒤집는다. 완전히 굳어진 후에 뒤집으면 튀김옷이 딱딱해진다.

10 기름기를 뺀다.

3 튀김용 국자로 떴을 때 껍질에 반죽이 남지 않을 정도로 매우 묽게 만든다.

7 사진처럼 기포가 적어지면 다시 한 번 뒤집는다.

야생 파드득나물

Wild honeywort

야생 파드득나물은 재배한 파드득나물보다 길이가 짧지만 파드득나물 특유의 풍미가 강하다. 이런 특징을 살리기 위해 가키아게로 튀긴다.

파드득나물만으로 만든 튀김이기 때문에 무게가 가벼워서 위로 떠오르기 쉬우므로, 중간에 튀김 전체가 기름에 잠기도록 젓가락으로 눌러서 속까지 모두 바삭하게 익힌다.

튀김옷 속까지 바삭바삭하게 튀긴다. 튀김옷이 얇기 때문에 아랫부분이 두툼해지지 않도록 단시간에 모양을 잡아야 한다. 잎이 부드럽게 펴지고, 잎의 색깔과 맛을 느낄 수 있게 완성한다.

밀가루 → 반죽 조금 묽음 → 기름 170℃

밑손질

1 파드득나물을 2cm 길이로 자른다.

2 가키아게 1인분.

튀김의 기술

1 볼에 파드득나물 1인분과 밀가루를 적당히 넣고 골고루 섞는다.

5 170℃로 가열한 기름에 파드득나물을 조심스럽게 넣는다. 온도가 높으면 파드득나물이 뿔뿔이 흩어져버린다.

9 뒤집으면 다시 기포가 생긴다. 점점 기포가 적어진다.

2 기본 반죽을 넣는다.

6 파드득나물이 살짝 흩어지고 작은 기포가 많이 생긴다.

10 기름에 잠기도록 튀김용 젓가락으로 1~2번 정도 눌러서 속까지 잘 익힌다. 무게가 가벼워서 위로 떠오르기 때문에 이 작업이 반드시 필요하다. 누르지 않고 속까지 모두 익히면 겉부분의 잎이 탄다.

3 달걀물을 넣어 섞는다. 땅두릅나물 껍질을 가키아게(p.140 참조)로 튀길 때보다 조금 되직하게 한다.

7 흩어진 파드득나물을 한 덩어리로 모은다.

11 기름기를 뺀다.

4 튀김용 국자로 떴을 때 잎에 반죽이 조금 남는 정도가 좋다.

8 기포가 적어지고 모양이 잡히면 뒤집는다.

야치부키

Caltha palustris var. barthei

봄에 노란 꽃을 피우는 야치부키는 미나리아재비과 동의나물속에 속하는 동의나물의 변종으로, 동의나물보다 크고 꽃도 많이 핀다. 홋카이도 지역의 골짜기 냇가 근처에서 자생하는데, 잎이 '후키(머위)'처럼 둥글고 '야치(습지)'에 서식한다고 해서 '야치부키'라고 많이 부르지만, 정식 이름은 '에조노류킨카'이다.

줄기에는 수분이 많고 머위처럼 단단한 심은 없으며, 특유의 쌉쌀한 맛이 튀김에 잘 어울린다.

5월 중순경에 나오는, 아직 어리고 부드러운 야치부키를 사용한다. 너무 많이 자란 것은 튀김으로 적당하지 않다.

색이 보이도록 튀김옷은 잎 뒷면에만 입힌다. 향이 짙은 잎 뒷면부터 익히고, 잎을 펼쳐서 튀긴다.

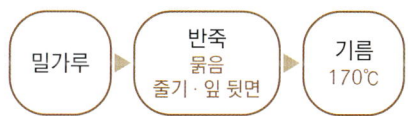

밀가루 ▶ 반죽 묽음 줄기·잎 뒷면 ▶ 기름 170℃

튀김의 기술

1 잎 양면에 밀가루를 묻힌다.

2 반죽을 묽게 조절하고 잎 뒷면과 줄기에 튀김옷을 입힌다.

3 170℃ 기름에 잎 뒷면이 아래로 향하도록 보기좋게 펼쳐서 넣는다. 튀김부스러기가 흩어지고 작은 기포가 생긴다.

4 기포가 적어지고 잎 뒷면의 튀김옷이 굳어지기 시작하면 뒤집는다.

5 사진처럼 기포가 적어지면 다시 한 번 뒤집는다.

6 2번 정도 더 뒤집으면서 튀긴다.

7 기포가 더 이상 생기지 않으면 건진다.

8 기름기를 뺀다.

청나래고사리

Ostrich fern

고사리의 한 종류인 청나래고사리는 산지에 따라 제철이 조금씩 다른데, 남쪽은 3월 중순부터이고 북쪽은 5월 중순까지 수확한다. 이삭 끝부분이 단단히 말려 있고, 줄기가 두꺼우며 짧은 것이 좋다.

선명한 녹색을 볼 수 있게 밀가루를 묻히지 않고 튀김옷만 입혀서 튀긴다.

말려 있는 이삭 끝부분에 밀가루가 들어가기 쉬우므로 밀가루를 묻히지 않는다. 너무 오래 튀기면 버석버석하고 감칠맛이 없어진다. 이삭 끝부분이 위로 떠오르면 건진다.

반죽
기본

↓

기름
170℃ ~
175℃

튀김의 기술

1 밀가루를 묻히지 않고 기본 반죽에 넣어 튀김옷을 입힌다.

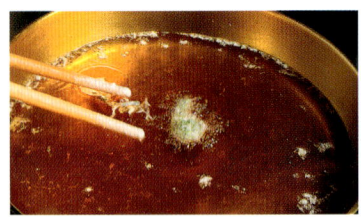

2 여분의 반죽을 털고, 170~175℃ 기름에 넣는다. 일단 가라앉았다가 위로 떠오르며 작은 기포가 많이 생긴다.

3 2~3번 정도 뒤집은 다음 기포가 커지면 건진다.

4 기름기를 뺀다.

밑손질

1 젖은 면보로 불순물 등을 닦아낸다.

2 밑동의 하얀색을 띤 부분은 딱딱하기 때문에 잘라낸다.

풀솜대

Smilacina japonica

원기회복에 좋은 약용식물로, '솜대', '솜죽대', '녹약'이라고도 한다. 잎 모양은 대나무를 닮았고 눈처럼 하얀 꽃이 핀다.

주로 어린 싹을 나물로 먹는다. 겉모습은 산마늘을 닮았지만 특유의 향이 없고, 튀기면 말로 설명하기 힘든 단맛과 식감을 즐길 수 있다. 수분 함유량도 산마늘과 비슷하여 튀기는 방법도 거의 비슷하다. 색깔을 살리기 위해 불조절을 잘 해야 한다. 여기서는 홋카이도산을 사용하였다.

선명한 녹색을 즐기기 위해 타지 않도록 주의해서 튀긴다. 또한 향을 내기 위해 단시간에 튀겨야 한다. 싹의 앞부분이 완전히 벌어지면 향이 날아가므로 주의한다. 잎이 튀겨진 정도를 보고 건지는 시점을 판단한다.

밀가루 (밑동·줄기 중심) ▶ 반죽 (묽음) ▶ 기름 170℃

튀김의 기술

1 밑동과 줄기를 중심으로 밀가루를 묻힌다. 잎 전체에 밀가루를 묻히지 않고, 반 정도만 묻힌다.

2 묽은 반죽에 전체를 담가서 튀김옷을 입힌다.

3 170℃ 기름에 넣는다.

4 처음에는 작은 기포가 많이 생긴다. 튀김부스러기를 걷어낸다.

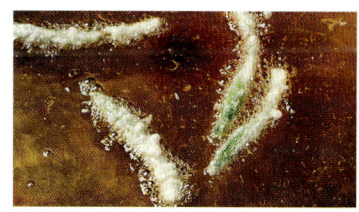

5 기포가 커지고 적어진다. 전체가 위로 떠오르고 잎이 알맞게 튀겨지면 건진다.

6 기름기를 뺀다.

꼬투리강낭콩

Young kidney bean

夏 여름

꼬투리강낭콩은 여리고 부드러우며 표면에 탄력이 있는 켄터키 원더 품종이 좋다. 가키아게로 튀길 때는 길이가 일정하고 가는 것을 고른다.

튀김옷은 가능한 한 얇게 입혀서 꼬투리강낭콩 자체의 향과 단맛이 입안에 퍼지게 튀기는 것이 비결이다.

약한 불로 튀기면 튀김옷이 눅눅해지므로 적당한 온도에서 60~70% 정도만 익게 튀겨서 식감과 향을 살린다.

밀가루 ▶ 반죽 매우 묽음 ▶ 기름 175℃~180℃

146

밑손질

밑손질을 마친 꼬투리강낭콩. 가는 것으로 17~18개 정도가 1인분.

튀김의 기술

4 튀김용 국자로 175~180℃ 기름에 넣는데, 냄비 가장자리 쪽에서 조심스럽게 넣는다.

1 꼬투리강낭콩을 손으로 가지런히 모아서 꼭지를 자른다.

1 볼에 꼬투리강낭콩을 담고 밀가루를 넣어서 골고루 묻힌다.

5 처음에는 작은 기포가 많이 생긴다.

2 꼭지가 남아 있지 않은지 잘 확인한다.

2 달걀물을 넣고 잘 섞는다.

6 점점 기포가 커지고 적어지면 건진다.

3 반죽이 밑으로 줄줄 흘러내릴 정도로 매우 묽게 조절한다.

7 부스러지지 않게 주의해서 건진 다음, 기름기를 뺀다.

단호박
Sweet Pumpkin

일교차가 큰 홋카이도에서 자라 달고 부드러운 맛을 자랑하는 히타카 지역의 리비라산 단호박을 사용한다. 홋카이도산은 대부분 8월 20일~9월에 들어오며 무게가 많이 나가는 단호박일수록 과육이 두툼하고 맛이 좋다.

수확하고 10일 정도 지나서 꼭지가 마르면 수분이 어느 정도 빠져나가서 튀겼을 때 보송보송한 식감이 증가하는데, 10월 20일이 지나면 이런 보송보송한 식감이 점점 떨어지기 시작한다.

단호박의 부드러운 식감을 즐기기 위해서 4등분으로 큼지막하게 잘라 1/4조각을 1인분으로 사용하는데, 남은 열로 익히기 때문에 지름 15~16㎝ 정도의 작은 단호박을 사용하였다.

껍질도 맛이 좋기 때문에 벗기지 않고 튀기는데 껍질은 익는 데 시간이 걸려 가열에 의해 단단해지기 쉽다. 그래서 껍질을 보호하기 위해 껍질에도 튀김옷을 입혀서 튀기고 먹을 때 먹기 편하게 껍질쪽 튀김옷을 벗겨서 제공한다. 단호박을 튀길 때는 껍질을 잘 살리는 것이 중요하다. 껍질이 있어야 단맛을 제대로 느낄 수 있다.

기름에 넣고 20분 동안 충분히 튀긴 다음, 건져서 남은 열로 익힌다.

밑손질

4등분으로 잘라서 손질한 단호박.

1 단호박 꼭지 주변에 칼끝을 넣어 자른다.

4 꼭지 바로 앞에 칼을 넣어 분리한다.

7 골고루 익히기 위해 단호박 모양이 대칭이 되도록 아래위를 자른다.

2 아래쪽 꽃이 붙어 있던 부분까지 자른다.

5 1인분으로 1/4개를 사용한다.

3 사용할 만큼만 자른다. 1과 같은 방법으로 꼭지부터 꽃이 붙어 있던 부분까지 자른다.

6 칼로 씨와 속을 제거하고, 꽃이 붙어 있던 부분도 잘라낸다.

튀김의 기술

1 밀가루를 묻힌다.

4 기포가 조금씩 커지면서 적어지고 튀김옷이 굳어지기 시작하면 뒤집는다. 계속 170℃ 정도에서 익힌다.

7 키친타월로 싼 다음, 남은 열로 5분 정도 익힌다.

2 조금 되직한 반죽에 넣어 튀김옷을 입힌다.

5 뒤집은 단호박. 2~3번 정도 뒤집으면서 20분 정도 더 익힌다. 껍질쪽이 단단하기 때문에 오래 튀긴다.

8 껍질을 보호하기 위해서 입힌 껍질쪽 튀김옷을 그대로 두면 먹을 때 불편하므로 벗겨낸다.

3 껍질이 아래로 가도록 180℃ 기름에 넣는다. 튀김옷이 흩어지고 작은 기포가 많이 생긴다. 튀김부스러기를 걷어낸다.

6 기포가 거의 없어지면 건진다.

9 칼로 2등분하여 제공한다.

미니 양파

Small onion

양파와 페코로스를 접붙인 부드러운 미니 양파는 촉촉하고 단맛이 특징이다. 5~6월에는 아이치산, 가을부터는 유바리산이 유통된다.

튀기기도 편하고 먹기도 편하게 이쑤시개를 꽂아서 튀긴다. 둥글고 매끈해서 튀김옷이 잘 입혀지지 않기 때문에 튀김옷을 2번 입힌다. 튀김옷을 제대로 입히면 양파가 타지 않고 찌듯이 튀겨져서 단맛이 배가 된다.

날것의 매운맛이 10~20% 정도 남도록 튀긴다. 매운맛이 남아 있으면 단맛이 더욱 강하게 느껴진다.

반죽 조금 되직함 → 밀가루 → 반죽 조금 되직함 → 기름 170℃~175℃

밑손질

1 미니 양파의 위아래를 잘라낸다.

2 겉껍질을 벗긴다.

3 미니 양파 중심을 향해 이쑤시개를 비스듬히 찔러 넣는다.

튀김의 기술

1 이쑤시개를 잡고 조금 되직한 반죽에 담가서 튀김옷을 입힌다.

2 밀가루를 골고루 묻힌다.

3 다시 한 번 같은 반죽에 담가서 튀김옷을 입힌다.

4 170~175℃ 기름에 넣는다. 작은 기포가 많이 생긴다.

5 일단 가라앉는다.

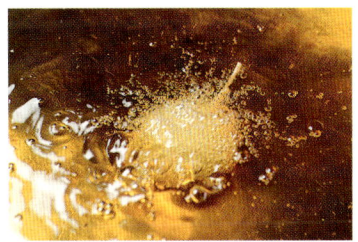

6 밑동부분이 위로 떠오르면 50% 정도 익은 것이다.

7 기포가 커지고 적어지면서 전체가 위로 떠오르면(70~80% 정도 익으면) 건진다.

8 살짝 노릇해졌다. 기름기를 빼고 잠시 그대로 두면 남은 열로 알맞게 익는다.

미니 피망

Sweet green pepper

미니 피망은 피망과 맛은 거의 비슷하지만 크기가 작고, 가늘고 길며, 육질이 얇은 것이 특징이다. 여기서는 교토산 미니 피망 품종 중에 향과 맛이 뛰어난 다나카고추를 사용하였다. 씨가 적고 부드러운 것이 특징이다.

미니 피망 중에는 가끔씩 매운 맛이 나는 것도 있지만, 다나카 고추는 매운맛이 거의 없다. 앞부분이 여러 갈래로 갈라진 것은 매운맛이 없다고 보아도 좋다.

앞부분이 갈라져 있으면 매운맛이 없다.

겉면이 매끈하기 때문에 밀가루를 묻히고 튀김옷을 얇게 입힌 다음, 높은 온도에서 튀겨서 튀김옷이 빨리 굳어지게 해야 한다. 튀김옷이 굳어질 때까지 뒤집지 않고 튀긴다. 기름 온도가 너무 낮으면 미니 피망의 맛과 향을 살릴 수 없다.

밀가루 ▶ 반죽 조금 되직함 ▶ 기름 180℃

밑손질

1인분은 미니 피망 2개.

튀김의 기술

꼭지를 적당한 길이로 잘라서 정리한다. 꼭지를 잡고 밀가루와 반죽을 묻혀야 하므로 조금 남겨두어야 한다.

1 튀기는 중간에 터지지 않도록 미니 피망 위쪽의 단단한 부분에 손톱이나 꼬치로 구멍을 뚫어 놓는다.

4 180℃ 기름에 넣는다. 처음에는 작은 기포가 많이 생긴다. 바로 뒤집으면 튀김옷이 벗겨지므로 잠시 그대로 둔다.

2 꼭지를 잡고 밀가루를 묻힌 다음, 여분의 밀가루를 털어낸다.

5 여러 번 뒤집으면서 튀긴다. 사진처럼 기포가 적어지면 건진다.

3 조금 되직한 반죽에 넣어 튀김옷을 입힌다.

6 기름기를 뺀다.

생강

Ginger

묵은 생강을 심어 나오는 햇생강은 초여름에 캘 수 있다. 스시를 먹을 때 곁들이는 가리는 햇생강으로 만든다. 조직이 부드럽고 촉촉하며, 향이 진하지 않고, 매운 맛도 적은 것이 특징이다.

튀김에도 햇생강을 사용하는데 하얀 뿌리와 붉은 싹의 대비가 보기 좋다. 가열하면 붉은색이 한층 진해지기 때문에 가능하면 싹부분을 그대로 살려서 잘라야 튀겼을 때 보기 좋다.

온도가 너무 높으면 타기 쉽다. 타지 않도록 주의해서 햇생강의 향과 부드러움을 살린다.

밀가루 ▶ 반죽 묽음 ▶ 기름 175℃

밑손질

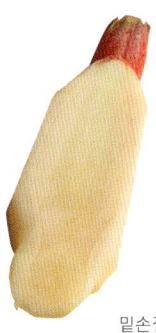

밑손질을 마친 햇생강.
붉은 싹이 포인트이다.

1 햇생강을 뿌리째 잘라서 나눈다.

2 1을 다시 1인분에 적당한 크기로 자른다.

3 껍질을 돌려깎기한다.

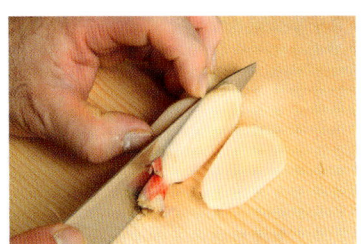

4 결을 따라 5mm 두께로 편썬다.

튀김의 기술

1 밀가루를 전체에 묻힌 다음, 여분의 밀가루를 턴다.

2 묽은 반죽에 넣어서 튀김옷을 입힌다.

3 붉은 싹이 위로 오게 잡고 175℃ 기름에 넣는다. 알싸한 향을 살리기 위해 조금 높은 온도에서 튀긴다.

4 작은 기포가 많이 생긴다. 기름에 넣었을 때 윗부분의 튀김옷이 보기 좋게 튀겨지므로 접시에 담을 때 이 부분이 위로 오게 담는다.

5 튀김옷이 어느 정도 굳어지면 뒤집는다. 점점 기포가 적어지고 소리도 잠잠해진다. 2~3번 뒤집으면서 튀긴다.

6 사진처럼 기포가 적어지면 건진다.

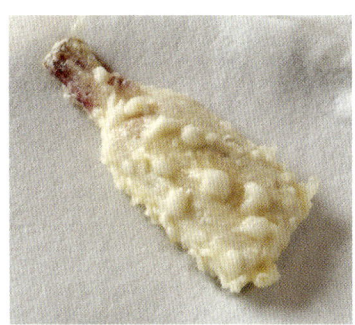

7 기름기를 뺀다.

섬조릿대

Sasa kurilensis

죽순 철이 끝나는 6월경에 섬조릿대가 나오기 시작한다. 죽순과 마찬가지로 신선한 것은 떫은맛이 적어서 따로 제거할 필요가 없다.

    칼로 자르는 것보다 손으로 꺾어서 자르는 편이 밑동의 단단한 부분을 제거하기 쉽다.

특유의 향을 살리는 것이 중요하므로 지나치게 높은 온도에서 튀기지 않는다. 색과 향을 살리기 위해 튀김옷은 얇게 입힌다.

밀가루 ▶ 반죽 묽음 ▶ 기름 170℃

밑손질

밑손질을 마친 섬조릿대.

1 밑동을 자르고 윗부분도 비스듬히 자른다.

2 껍질에 세로로 칼집을 낸다. 속살까지 자르지 않도록 주의한다.

3 껍질을 벗긴다.

4 밑동부분을 손톱으로 눌러서 단단한 부분을 찾는다.

5 손으로 잘 꺾이는 부분을 찾아서 단단한 부분을 잘라낸다.

튀김의 기술

1 윗부분을 잡고 밀가루를 골고루 묻힌 다음, 여분의 밀가루를 턴다.

2 묽은 반죽에 넣어서 튀김옷을 입힌다.

3 170℃ 기름에 넣는다. 처음에는 밑동부분이 조금 가라앉는다.

4 돌려주면서 튀긴다. 무거운 밑동부분이 위로 떠오르기 시작하고, 기포가 커지고 잠잠해지면 건진다.

5 기름기를 뺀다.

연근

Lotus root

여름에 나오는 햇연근은 가을~겨울의 연근과는 달리 촉촉하고 끈적한 것이 특징이다. 이 계절에는 도쿠시마산 일본종 연근을 사용한다. 일본종 연근은 가늘고 부드러운 것이 특징이다. 이바라키산 서양종 연근은 여름이 지난 뒤에 나온다.

연근은 3마디로 이루어진 것이 많은데, 3마디 중에서 2번째 마디가 튀김으로 알맞다. 너무 단단하지 않고 너무 부드럽지도 않으며, 모양과 굵기가 일정해서 사용하기 편하다. 구멍 속의 색깔이 변하지 않고 깨끗한 것을 고른다.

밀가루를 잘 털지 않으면 반죽이 구멍 안에 고이게 된다. 남은 열로 익힐 것을 생각해서 너무 오래 튀기지 않는다.

밀가루 → 반죽 조금 되직함 → 기름 175℃

밑손질

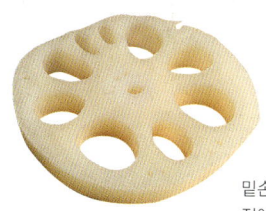

밑손질을 마친 연근. 색깔이 변하기 전에 빨리 사용해야 한다.

튀김의 기술

1　연근은 2번째 마디가 튀김으로 적당하다. 사진 오른쪽이 2번째 마디.

1　밀가루를 묻히고 두꺼운 젓가락으로 연근을 두드려서 여분의 밀가루를 털어낸다.

4　곧 위로 떠오르고, 작은 기포가 많이 생긴다.

2　굵기가 가는 가장자리를 잘라내고, 굵기가 고른 부분을 사용한다.

2　되직한 반죽에 넣어 튀김옷을 입힌 다음, 여분의 반죽을 턴다.

5　2~3번 뒤집은 다음, 기포가 커지고 잠잠해지면 건진다. 남은 열로 좀 더 익히기 때문에 너무 오래 튀기지 않는다.

3　1cm 두께로 둥글게 썬다.

4　여러 개를 한데 모아서 돌려깎듯이 껍질을 벗긴다. 겹쳐서 껍질을 벗기면 색이 많이 변하지 않는다.

3　175℃ 기름에 넣는다. 처음에는 밑으로 가라앉는다.

6　건져서 기름기를 뺀다.

오크라

Okra

오크라는 여름이 제철이다. 흔히 보는 큼지막한 오크라는 육질이 단단하고 씨가 크지만, 4㎝ 정도로 작은 오크라는 부드러워서 통째로 튀겨서 먹기 좋다.

선명한 녹색이 비칠 정도로 튀김옷을 얇게 입힌다. 하지만 너무 얇으면 오크라의 향이 날아가므로 적당히 조절해야 한다. 1인분에 2개가 알맞다.

너무 많이 튀겨도 안 되지만, 너무 덜 튀겨도 안 된다. 오크라의 미끈미끈한 점액이 없어지지 않을 정도로 익히고, 보기 좋게 색깔을 살려서 튀긴다.

밀가루 ▸ 반죽 조금 묽음 ▸ 기름 180℃

밑손질

밑손질을 마친 오크라.

튀김의 기술

1 꼭지를 잘라서 정리한다.

1 밀가루를 묻히고 여분의 밀가루를 털어낸다. 조금 묽은 반죽에 넣어 튀김옷을 입힌다. 튀김옷이 너무 얇으면 향이 날아가므로 주의한다.

4 기름기를 뺀다. 튀김옷이 노릇해지지 않도록 하얗게 튀긴다.

2 꼭지가 붙어 있던 주변을 돌려서 깎는다.

2 180℃ 기름에 오크라를 넣는다. 기포가 많이 생긴다. 튀김부스러기를 걷어낸다.

3 오크라를 돌리면서 튀긴다. 사진처럼 기포가 잠잠해지고 위로 떠오르면 건진다.

오크라꽃

Okra flower

오크라는 대부분 여름에 열리는 녹색 열매를 먹지만, 6월 중순에 한 발 먼저 나오는 노란 꽃봉오리도 샐러드나 튀김 등으로 많이 먹는다. 열매와 마찬가지로 꽃에도 끈적이는 점액이 있다.

오크라꽃은 레몬을 연상시키는 노란색을 띠는데, 가열하면 색깔이 한층 더 선명해진다. 꽃잎이 얇아서 오래 튀기면 오므라들기 때문에 때를 잘 맞춰서 건져야 한다. 수분이 날아가지 않게 살짝 튀기는 것이 비결이다.

끈적이는 점액과 쌉쌀한 맛을 살리기 위해 20초 정도만 살짝 튀기는데, 꽃잎이 타지 않도록 주의한다.

밀가루 ▶ 반죽 묽음 ▶ 기름 170℃

밑손질

밑손질을 마친 오크라꽃.

튀김의 기술

1 꽃잎이 손상되지 않도록 주의하면서, 오크라를 손으로 돌려가며 꽃받침을 떼어낸다.

1 꽃봉오리에 밀가루를 묻힌다.

4 조금 빨리 뒤집는다. 돌리면서 튀기기에 좋은 모양이지만, 튀김옷이 굳어지면 뒤집기 어려워진다. 여러 번 뒤집으면서 튀긴다.

2 사진은 좋지 않은 예. 꽃받침을 꼭지와 함께 떼어내면 구멍이 생겨서 튀길 때 속으로 기름이 들어간다.

2 묽은 반죽에 봉오리 전체를 담가서 튀김옷을 입힌다.

5 기포가 적어지기 시작했다. 꽃잎 색깔로 익은 정도를 판단하는데, 노란색이 선명해지면 건진다. 더 이상 튀기면 꽃이 오므라든다.

3 여분의 반죽을 털고 170℃ 기름에 넣는다.

6 기름기를 뺀다.

옥수수
Sweet corn

6월 초에는 옥수수 알갱이가 아직 촉촉하고 부드럽다.

이 때는 골드러시 품종의 옥수수를 사용하는데, 껍질이 얇아 고온에서 튀기면 터지기 쉬우므로 주의해야 한다. 골드러시 품종은 계절에 따라 산지가 북쪽으로 옮겨지는데, 홋카이도산의 경우 9월 말까지 먹을 수 있지만 6월에 수확한 것과는 맛이 다르기 때문에 온도를 올려서 고소하게 튀기는 편이 더 맛있다. 재료 고유의 맛을 살리는 것이 중요하다.

옥수수는 입자가 곱고 촉촉한 것이 신선하다. 또 수염이 있어야 신선하게 보관할 수 있기 때문에 요리하기 전까지 수염을 떼지 않고 보관한다.

가키아게로 튀길 경우에는 속까지 바삭하게 튀겨지도록 튀김옷을 최대한 얇게 입히고, 옥수수를 2번에 나눠서 넣는다.

밑손질

1 껍질과 수염을 제거한다.

튀김옷을 얇게 입히는 편이 훨씬 맛있다. 옥수수 알갱이를 골고루 잘 익히고, 가키아게 안쪽의 튀김옷과 옥수수 알갱이까지 바삭하게 튀겨야 한다. 흩어진 옥수수 알갱이를 한 덩어리로 모아서 모양을 입체적으로 만든다.

밀가루 → 반죽 매우 묽음 → 기름 170℃ → 바로 180℃ → 2번째 넣기 180℃

2 껍질부분을 손으로 꺾어서 자른다. 칼을 사용하면 알갱이가 부서진다.

밑손질을 마친 옥수수 1인분.
1인분은 옥수수 1/2개 정도.

3 손질하기 쉽게 2등분한다.

튀김의 기술

4 돌려깎기하듯이 알갱이를 분리한다.

1 1인분을 볼에 담고 밀가루를 넣는다. 이 때 옥수수 알갱이가 젖어 있으면 밀가루가 굳어지므로 주의한다.

4 달걀물을 넣어 매우 묽게 조절한다.

5 알갱이를 분리할 때 칼을 넣는 위치는 사진에서 손가락으로 가리키는 부분보다 조금 앞쪽이다. 칼을 비스듬히 넣고 돌려깎는다.

2 옥수수 알갱이에 밀가루를 골고루 묻힌다.

5 튀김용 국자로 떴을 때 반죽이 밑으로 줄줄 흘러내릴 정도로 조절한다. 알갱이 껍질과 색깔이 확실히 보일 정도로 반죽을 묽게 한다.

6 옥수수 알갱이가 뭉치지 않게 분리한다.

3 반죽을 넣는다.

6 2번에 나눠서 넣는다. 먼저 1/2 분량을 170℃ 기름에 살짝 넣고, 바로 온도를 180℃로 올린다. 처음 온도가 너무 높으면 옥수수 알갱이가 한꺼번에 흩어져서 그대로 굳어진다.

7 작은 기포가 많이 생긴다.

10 기포가 커지면 다시 한 번 뒤집는다.

13 부서지지 않도록 주의해서 건진 다음, 기름기를 뺀다.

8 나머지 분량을 넣는다. 모양을 입체적으로 만들기 위해서인데, 2번에 나눠서 넣으면 안쪽까지 바삭하게 튀겨진다.

11 흩어진 옥수수 알갱이를 거름망으로 모아서 가키아게 위에 올려 한 덩어리로 만든다.

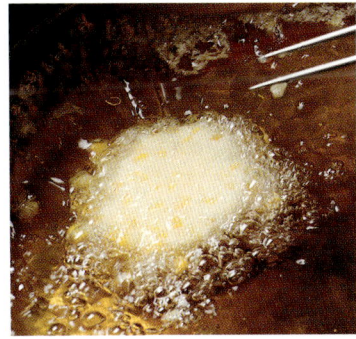

9 어느 정도 굳어지면 뒤집는다.

12 기포가 커지고 소리가 잠잠해지면 건진다.

으름

Akebia quinata

으름덩굴의 열매인 으름은 단맛이 나는 씨부분을 도려내고, 부드러운 껍질에서 느껴지는 자연의 쌉쌀한 맛을 즐기는 튀김 재료이다. 자르면 금방 색깔이 변할 정도로 쓴맛이 있지만, 이 맛이 기름에 튀기면 튀김으로만 맛볼 수 있는 감칠맛으로 변한다.

가을이 제철이지만 튀김으로는 여름에 나오는 으름을 사용한다.

높은 온도에서 튀겨도 특유의 보라색이 변하지 않아 보기에도 좋다.

튀김옷과 으름의 식감을 잘 살려서 전체적으로 조화가 잘되게 튀긴다. 속살의 부드러운 식감을 살리려면 180℃ 기름에 넣어서 튀김옷으로 코팅한 다음, 바로 불을 줄여서 기름 온도를 170℃로 낮춘다. 향을 살리기 위해서는 비교적 단시간에 튀겨야 한다.

밀가루 ▶ 반죽 묽음 ▶ 기름 180℃ → 170℃

밑손질

밑손질을 마친 으름.
자르면 바로 갈색으로 변하므로
튀기기 직전에 자른다.

튀김의 기술

1 으름 옆면에 세로로 길게 칼을 넣어서 2등분한다.

2 씨 주변에 숟가락을 넣는다.

3 깔끔하게 씨를 도려낸다.

4 꼭지를 자른다.

5 반달모양으로 3등분한다.

1 전체에 밀가루를 묻힌다.

2 묽은 반죽에 넣어서 튀김옷을 입힌다.

3 보라색 껍질이 위로 오게 180℃ 기름에 넣고, 튀김옷이 굳어지면 바로 170℃로 내린다.

4 속살 부분이 위를 향하기 쉬우므로, 적당히 뒤집으면서 튀긴다. 처음에는 작은 기포가 많이 생긴다.

5 기포가 적어지면 건진다.

6 기름기를 뺀다.

은행

Ginkgo nut

가을이 제철인 은행을 여름에 먹으면 또 다른 맛을 느낄 수 있다. 7월 중순~8월 말에 맛볼 수 있는 햇은행은 보기 좋은 녹색으로 부드러우며 식감이 촉촉하면서도 아삭하다. 겉 껍질과 속껍질도 수분을 함유하고 있어서 부드럽다.

색깔을 살리기 위해 튀김옷을 입히지 않고 그대로 스아게로 튀긴다.

햇은행은 은행 특유의 향이 적어서 은행 냄새를 싫어하는 사람도 먹기 좋다. 가열하면 에메랄드빛으로 한층 아름답게 변한다.

햇은행의 아삭한 식감을 살리려면 단시간에 살짝 튀긴다. 거름망으로 가운데에 띄워서 전체를 고르게 익히고, 보기 좋은 색을 잘 살린다.

기름
170~
175℃

밑손질

껍질을 벗긴 햇은행 1인분.

튀김의 기술

1 은행까기 등을 이용하여 은행 껍질을 깬다.

1 거름망 위에 은행을 올리고 그대로 170~175℃ 기름에 넣는다.

4 기름기를 뺀다.

2 겉껍질과 속껍질을 벗긴다. 아직 부드럽기 때문에 한꺼번에 벗길 수 있다.

2 거름망을 움직여서 골고루 익힌다.

3 남아 있는 속껍질을 벗긴다.

3 초록색이 선명해지면 건진다.

파드득나물

Japanese honeywort

빛을 가리고 연백재배한 다음 밑동을 잘라낸 파드득나물의 제철은 8~9월인데, 가장 많이 유통되는 시기는 9월이다.

싱싱한 하얀 줄기, 상큼한 녹색잎, 보기 좋게 묶은 모양을 살리려면 튀김옷을 얇게 입혀 튀긴다. 묶을 때는 줄기를 살짝 눌러서 부드럽게 만들면 잘 끊어지지 않는다. 밀가루를 묻히지 않고, 튀김옷도 얇게 입혀서 파드득나물 색깔이 잘 보이게 튀긴다.

줄기의 촉촉함을 살리고 녹색잎이 선명하게 보이도록 낮은 온도에서 재빨리 튀긴다. 잎이 타지 않도록 주의한다.

밀가루 줄기 ▶ 반죽 묽음 ▶ 기름 160℃~170℃

밑손질

묶은 파드득나물.

튀김의 기술

4 처음에는 작은 기포가 생긴다.

1 파드득나물을 3~4줄기씩 모아서 끝부분을 가지런히 정리한다.

1 잎에는 밀가루를 묻히지 않고, 아래쪽 줄기와 매듭부분에만 밀가루를 묻힌다.

5 튀김옷이 굳어지기 시작하면 뒤집는다.

2 끊어지지 않도록 부드럽게 만들려면 줄기 부분을 손으로 살짝 눌러준다.

2 반죽에 달걀물을 넣어 묽게 조절한 다음, 손으로 파드득나물을 잡고 튀김옷을 입힌다. 가능하면 잎에는 반죽을 묻히지 않는다.

6 가끔씩 뒤집어주다가 기포가 커지고 적어지면 건진다.

3 둥글게 고리를 만들고 줄기를 통과시켜서 묶는다.

3 잎이 위로 오게 160~170℃ 기름에 넣는다. 파드득나물은 수분이 적고, 기름 온도도 낮아서 기포가 많이 생기지 않는다.

7 튀김옷이 노릇해지지 않도록 하얗게 튀긴다. 기름기를 뺀다.

4 손으로 줄기를 잘라서 정리한다. 길이를 가지런히 맞춘다.

하무가지

Kamo eggplant

교토의 전통 채소 중 하나인 하무가지는 둥근 가지로, 껍질이 얇고 수분이 많아 튀김으로 먹기 좋다. 껍질이 팽팽하고 신선하며 묵직한 것을 고른다.

한입 베어 물면 뜨거운 육즙이 흘러나오도록 두툼하게 썰고, 가지 속 수분으로 찌듯이 튀긴다.

기름 온도가 너무 낮으면 가지 속에 기름이 흡수되고 수분이 빠져나온다. 또한 온도가 너무 높으면 겉은 노릇노릇해져도 속에 단단한 심이 남기 때문에 기름 온도에 각별히 신경써야 한다.

하무가지는 달이지 않은 생간장에 찍어 먹으면 더욱 맛이 좋다.

두툼하게 자른 가지의 수분을 유지하면서, 가지 속 수분의 온도를 올려 찌듯이 익힌다. 불을 껐다 켰다 반복해서 적정 온도를 유지한다.

튀긴 후에는 가지 전체에 수분이 돌도록 잠시 그대로 둔다.

밀가루 → 반죽 묻음 → 기름 175~180℃

밑손질

밑손질을 마친 하무가지.
1인분은 1/4개.

튀김의 기술

1 위아래를 평평하게 자른다.

1 전체에 밀가루를 묻힌다.

4 껍질쪽 튀김옷이 굳어지면 뒤집는다. 알맞은 온도를 유지하기 위해 불을 껐다 켰다 반복한다.

2 세로로 2등분한다.

2 묽은 반죽에 넣어서 튀김옷을 입힌다.

5 2~3번 정도 뒤집으면서 전체를 고르게 익힌다. 살짝 노릇해지고 기포가 적어지면 건진다.

3 다시 가로로 2등분한다. 색깔이 변하기 쉬우므로 튀기기 직전에 자른다.

3 자른 면이 타지 않도록 껍질쪽이 아래로 향하게 175~180℃ 기름에 넣는다. 작은 기포가 한꺼번에 많이 생긴다.

6 기름기를 뺀다.

가을채소

밤

Chestnut

밤 중에서도 알이 크고 단맛이 강하며 노란 빛깔을 지닌 이평밤은 둥근 모양이 특징인데, 큰 것은 40g 정도 되는 것도 있다. 이평밤은 일본밤과 중국밤을 접목해서 만든 것으로 일본 기후현에서 만들어졌으며, 한국의 충주와 구례 지역에서도 이평밤이 많이 재배된다. 품질이 안정적이어서 사용하기 좋은 품종이다. 여기서는 구마모토산 밤을 사용하였다.

밤을 자르지 않고 1알씩 통째로 튀긴다.

속까지 충분히 익힌다. 자주 뒤집으면서 전체가 살짝 노릇해지도록 튀긴다. 익으면 위로 떠오른다. 군밤처럼 고소하게 튀긴다.

밀가루 → 반죽 묽음 → 기름 170℃

속까지 골고루, 충분히 익힌다.

밑손질

밑손질을 마친 밤.
속껍질까지 모두 벗긴다.

튀김의 기술

4 일단 가라앉는다.

1 평평한 면이 아래로 가게 놓고, 사진처럼 아래쪽 둥그스름한 부분에 칼을 넣는다.

1 전체에 밀가루를 묻힌 다음, 여분의 밀가루를 털어낸다.

5 다시 기포가 생기기 시작하며 위로 떠오른다. 여러 번 뒤집으면서 속까지 잘 익도록 충분히 튀긴다.

2 완전히 잘리지 않게 칼로 눌러서 단단한 겉껍질을 벗긴다.

2 묽은 반죽에 넣어 튀김옷을 입힌다.

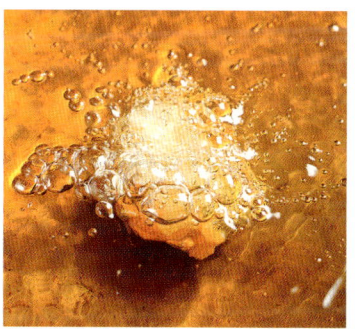

6 기름 위로 올라오는 부분이 생기고, 기포가 커지고 적어지면 건진다.

3 아래쪽에서 위로 꼼꼼하게 껍질을 벗긴다.

4 속껍질은 아래쪽에서 위로 벗긴다. 둥그스름한 옆면부터 먼저 벗긴 다음, 마지막에 평평한 면을 한 번에 벗긴다.

3 170℃ 기름에 넣는다. 처음에는 튀김옷에서 작은 기포가 많이 생긴다.

7 기름기를 뺀다.

백합 뿌리

Lily bulb

여름에는 단바산 백합 뿌리가, 겨울에는 홋카이도 아사히카와산 백합 뿌리가 좋다. 자연스러운 모양을 그대로 살리려면 뿌리를 이루는 비늘조각을 1장씩 떼어내는 정도로만 밑손질을 한다. 비늘조각의 크기가 큰 백합 뿌리를 사용한다.

통째로 튀기는 것보다 1장씩 떼어서 튀기는 것이 더 맛있다. 크기가 큰 백합뿌리는 육질이 도톰하기 때문에, 낱장으로 튀겨도 백합 뿌리 특유의 보송보송한 식감을 즐길 수 있다. 크기에 따라 다르겠지만 보통 1인분은 3장이 적당하다.

새하얀 백합 뿌리의 매력을 살리려면 노릇해지지 않도록 주의하면서 충분히 튀긴다. 전분이 많아서 오래 튀기면 감칠맛이 난다. 백합 뿌리 속의 수분으로 찌듯이 튀겨서 보송보송한 식감을 살린다.

밀가루 ▶ 반죽 묽음 ▶ 기름 180℃ → 170℃

밑손질

1장씩 떼어낸 백합 뿌리.

튀김의 기술

1 비늘조각을 1장씩 떼어서 분리한다. 부러지지 않도록 주의한다.

1 1장씩 밀가루를 묻힌다.

4 오목한 부분이 위로 오도록 180℃ 기름에 넣는다. 처음에는 작은 기포가 많이 생긴다. 170℃를 유지하면서 튀긴다.

2 바깥쪽의 크고 도톰한 비늘조각 3장으로 1인분을 만든다. 안쪽의 작은 비늘조각은 다른 요리에 사용한다.

2 여분의 밀가루를 턴다.

5 위로 떠오르고 주변의 기포들이 적어지면 건진다.

3 색이 변한 부분은 잘라내고, 흐르는 물에 살짝 씻어서 불순물을 제거한다.

3 묽은 반죽에 넣는다. 오목한 부분에 반죽이 고이지 않도록 잘 털어낸다.

6 기름기를 뺀다.

엉겅퀴 뿌리

Thistle root

엉겅퀴 뿌리를 '산우엉'이라고도 하는데, 엉겅퀴 뿌리가 우엉 뿌리를 닮았다고 해서 붙여진 이름이다. 11월경이 되면 맏물 엉겅퀴 뿌리가 나오는데 여기서는 야마나시산을 사용하였다. 맏물은 짧은 기간 동안에만 유통된다. 일본에서는 엉겅퀴 뿌리로 만든 절임을 많이 먹는데, 이 시기에 한꺼번에 구입해서 만든다.

너무 큰 것은 딱딱하기 때문에 하얗고 부드러우며 향이 좋은, 아직 어린 엉겅퀴 뿌리를 사용하는 것이 포인트이다. 얇고 어슷하게 썰어서 가키아게로 튀기는데, 부드럽기 때문에 조금 도톰하게 썰어서 씹는 맛을 즐겨도 좋다.

엉겅퀴 뿌리는 떫은 맛이 있지만 기름과 궁합이 좋아서 튀기면 단맛으로 변한다.

엉겅퀴 뿌리가 골고루 익도록 1조각씩 튀긴다. 기름 온도가 맛을 좌우하기 때문에 너무 낮으면 안 된다. 튀김옷이 적당히 흩어지고, 바로 굳어지지 않으며, 밑으로 가라앉지도 않을 정도의 온도를 유지해야 한다.

밀가루 → 반죽 매우 묽음 → 기름 175℃

밑손질

5mm 두께로 어슷하게 썬 엉겅퀴 뿌리.

꼭지를 자르고 5mm 두께로 어슷하게 썬다.

튀김의 기술

1 튀김용 국자로 전체에 밀가루를 뿌린 다음, 골고루 잘 섞는다.

2 기본 반죽을 넣고 달걀물을 넣어 잘 섞는다.

3 튀김용 국자로 떴을 때 밑으로 줄줄 흘러내릴 정도로 매우 묽게 조절한다.

4 엉겅퀴 뿌리를 넓게 펼쳐놓듯이 175℃ 기름에 조심스럽게 넣는다.

5 큰 기포가 많이 생긴다.

6 살짝 익으면 엉겅퀴 뿌리를 한 덩어리로 모은다. 너무 뭉치지 않게 한 덩어리로 모은다.

7 아랫면이 굳어지면 뒤집는다.

8 2~3번 뒤집은 다음, 기포가 적어지면 건진다. 살짝 노릇노릇해지면 완성.

9 기름기를 뺀다.

원추리꽃

Day lily

백합과의 다년생 꽃이다. 일본 오키나와 지역의 전통 채소로, 여기서는 오키나와 나키진에서 9~10월경에 들여오는 원추리꽃을 사용하였다. 활짝 핀 원추리 꽃밭을 실제로 본 후, 꽃의 모양과 풍경을 재현하는 느낌으로 튀겼다. 꽃술이 있는 중심부분의 단맛을 살리려면 속에는 밀가루를 묻히지 않는다.

수술의 꽃가루를 그대로 두면 꽃이 시들기 때문에 제거된 상태에서 출하된다. 냉장보관하고 들어온 날 바로 사용하는 것이 좋다. 튀김 외에 살짝 데쳐서 초무침 등으로 먹기도 한다.

수술의 꽃가루는 제거하고 출하된다.

튀김의 기술

햇볕 아래 활짝 핀 꽃을 떠올리며, 꽃잎의 모양과 생생한 모습을 살려서 튀긴다. 그러기 위해서는 신선한 꽃을 구입해야 하고, 꽃잎 모양이 잘 살도록 반죽 농도를 조절하는 것이 중요하다.
튀김옷으로 꽃잎을 코팅하는 느낌이다.

밀가루 → 반죽 기본 → 기름 170℃

1 꽃대를 잡고 꽃잎과 옆면 전체에 밀가루를 살짝 묻힌다. 꽃 속에는 밀가루가 들어가지 않도록 주의한다.

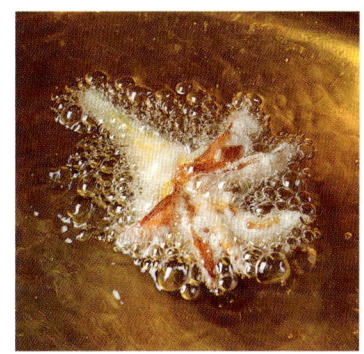

4 기포가 그다지 많이 생기지 않는다.

2 너무 되직하지도 너무 묽지도 않게, 꽃잎 모양을 자연 그대로 유지할 수 있을 정도로 반죽 농도를 조절하여 튀김옷을 입힌다.

5 튀김옷이 굳어지면 바로 건져서 기름기를 뺀다. 단시간에 튀겨야 한다.

3 꽃잎이 자연스러운 모양으로 벌어지도록 끝부분부터 살짝 넣는다. 170℃를 유지한다.

참마 주아

Yam bulbils

참마의 줄기가 되는 주아. '살눈'이라고도 한다. 11월에 수확하며 크기가 작은 것부터 여러 가지가 있는데, 튀김으로는 큰 것이 좋다.

둥근 모양이라서 튀길 때 빙글빙글 돌아가기 쉬우므로 고르게 익힐 수 있도록 꼬치에 꽂아서 튀긴다. 보송보송해지기 직전에 찰기가 남아 있을 때 건진다.

고구마를 튀길 때처럼 낮은 온도에서 오래 튀긴다. 전분이 풍부한 주아는 완전히 익으면 보송보송해지는데, 여기서는 참마 고유의 맛을 살리기 위해 아직 찰기가 남아있을 때 건져서 남은 열로 익힌다.

밀가루 ▶ 반죽 되직함 ▶ 기름 170℃

밑손질

1알씩 사이를 띄워서 꼬치에 꽂는다.

튀김의 기술

1 주아를 가로로 잡고, 중심에 꼬치를 꽂는다.

2 튀김옷을 입혀서 튀긴 후에 1알씩 빼내기 쉽도록 사이를 띄워서 꽂는다.

1 꼬치를 손으로 잡고 밀가루를 묻힌다.

2 되직한 반죽에 넣어 튀김옷을 입힌다.

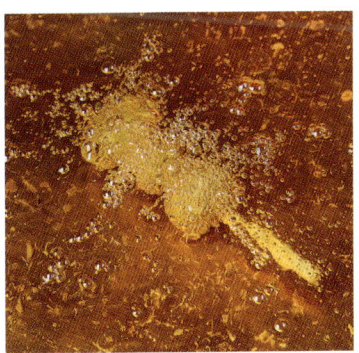

3 170℃ 기름에 넣으면 바닥으로 가라앉는다.

4 위로 조금씩 떠오르고 기포가 생기기 시작한다. 튀김옷이 굳어지면 2~3번 뒤집으면서 오래 튀긴다.

5 기포가 적어지고 꼬치가 위로 떠오르면 건져낸다.

6 기름기를 뺀다.

秋 가을버섯

나도팽나무버섯

Pholiota nameko

야생 나도팽나무버섯은 재배한 것보다 갓이 더 벌어지고 크며 그만큼 향도 강하다. 수분이 많이 함유된 점액질이 특징이다. 야생 버섯은 버섯에 붙어 있는 낙엽 등을 꼼꼼히 떼어내야 하는 등 밑손질이 번거롭다.

　　육질이 두툼하지 않고 작은 버섯이기 때문에, 따로따로 분리해서 가키아게처럼 튀긴다. 수분이 빠져나가지 않게 튀기는 것이 중요하다.

밑손질

튀김옷이 얇기 때문에 잘 입혀지도록 밀가루를 골고루 묻힌다. 수분이 많은 버섯은 기름 속에서 서로 엉겨붙기 쉬우므로, 일단 따로따로 분리해서 흩어놓고 튀긴 후에 한 덩어리로 모은다. 흩어놓는 편이 빨리 익기 때문에 점액질과 향을 지킬 수 있다.

나도팽나무버섯 1인분.

2 1가닥씩 분리한다.

1 밑동의 단단한 부분을 잘라낸다.

3 젖은 면보로 갓에 있는 불순물을 닦아낸다.

튀김의 기술

1 나도팽나무버섯 1인분을 볼에 넣는다.

4 튀김용 국자로 떠서 170℃(강) 기름에 조심스럽게 넣는다.

7 소리가 조금씩 작아지기 시작하면 바로 건진다. 기포가 적어질 때까지 튀기면 수분이 너무 많이 빠져나간다.

2 밀가루를 넣고 묻힌다.

5 버섯이 한꺼번에 흩어지고 작은 기포가 많이 생긴다. 서두르지 않고 천천히 흩어진 버섯을 모아서 한 덩어리로 만든다.

8 기름기를 뺀다.

3 기본 반죽과 달걀물을 넣어서 매우 묽게 농도를 조절한다.

6 한 덩어리로 모아서 어느 정도 익으면 1번 뒤집는다.

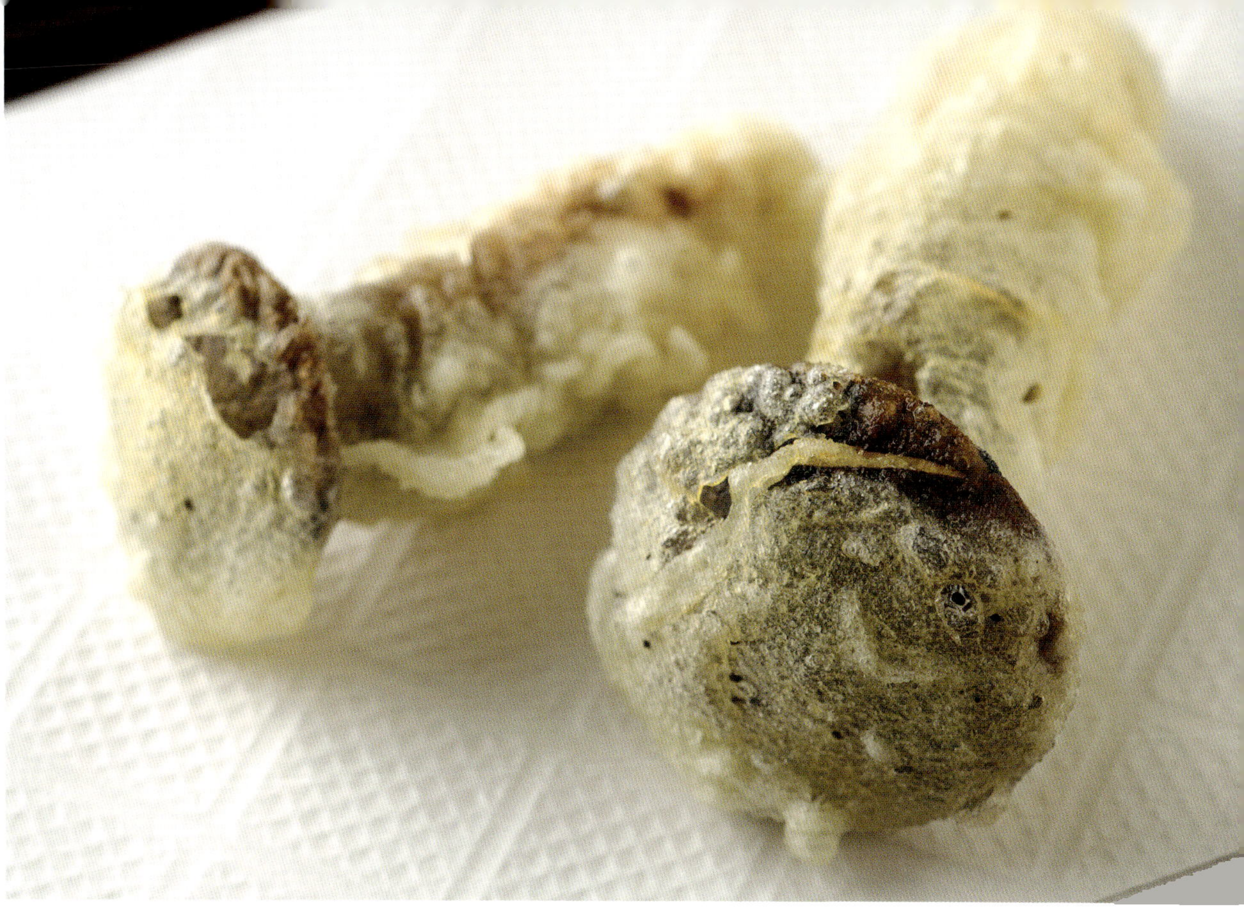

만가닥버섯

Beech mushroom

'향은 송이버섯, 맛은 만가닥버섯'이라고 할 정도로 맛있기로 유명한 버섯이다. '잿빛만가닥버섯', '연기색만가닥버섯' 등 만가닥버섯이라는 이름이 붙은 버섯이 많은데, 그 중에서도 '야생 땅찌만가닥버섯'은 촉촉하고 감칠맛이 풍부하기로 유명하다. 재배한 것과는 차원이 다른 맛을 자랑한다.

야생이라서 크기가 일정하지는 않지만 한입 크기의 버섯이 좋다. 입에 넣으면 감칠맛 나는 즙이 입안 가득 퍼진다. 큰 것은 1개, 작은 것은 2개가 1인분이다.

기둥 속이 비어 있어서 단시간에 튀겨야 한다. 향과 감칠맛이 풍부한 즙이 빠져 나가지 않도록 살짝 튀기는 것이 비결이다. 튀기는 시간은 20초 정도가 적당하다. 높은 온도에서 튀기면 기둥이 터지고, 향이 날아가므로 온도 조절을 잘 해야 한다.

기둥 모양이 둥글어서 기름에 넣은 다음 빨리 뒤집지 않으면, 아래쪽에 반죽이 고여서 굳어지기 때문에 한쪽으로 쏠려서 뒤집기 힘들어진다.

밀가루 ▶ 반죽 묽음 ▶ 기름 170℃

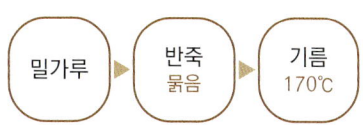

밑손질

큰 것은 1개, 작은 것은 2개가 1인분.

튀김의 기술

1 1개씩 분리한다.

1 버섯 전체에 밀가루를 묻힌다.

4 튀김옷이 완전히 굳어지기 전에 재빨리 1번 뒤집어서 튀김옷이 한쪽으로만 쏠리지 않게 한다.

2 밑동의 지저분한 부분을 연필 깎듯이 칼로 깎는다.

2 밀가루를 잘 털어내고, 묽은 반죽에 넣어 튀김옷을 입힌다.

5 소리가 조금 잠잠해지면 건진다. 기포가 완전히 없어진 후에 건지면 감칠맛이 빠져나간다.

3 젖은 면보로 기둥에 묻어 있는 흙이나 불순물을 닦아낸다.

3 170℃ 기름에 넣는다.

6 기름기를 뺀다.

송이버섯 *Pine mushroom*

튀기면 진하게 올라오는 특유의 향과 식감이 송이버섯의 특징이다. 갓이 펴지지 않은 송이버섯은 1등품으로 가격도 비싼데, 갓이 펴진 송이버섯과는 전혀 다른 향이 난다.

튀김의 경우 갓 튀긴 송이버섯에 영귤을 짜서 뿌리면 송이버섯의 향이 달아나고 튀김옷도 눅눅해지므로, 영귤을 송이버섯 사이에 끼워서 튀긴다. 이렇게 하면 영귤의 향과 신맛도 부드러워지고 영귤즙의 수분으로 송이버섯이 부드러워지기 때문에 먹기에도 편하다. 살짝 쌉쌀한 맛이 악센트가 된다.

땅의 수분을 흡수하며 자란 것은 그 수분을 유지하면서 튀기는 것이 중요하다.

향이 달아나지 않도록 너무 오래 튀기지 않는다. 튀긴 후에 잘라보면 자른 면이 새하얗고, 탄력이 있을 정도로 수분을 유지하면서 튀겨야 씹는 맛이 좋다.
자르지 않고 통째로 튀겨도 속까지 잘 익는다.

밑손질

1 밑동을 칼로 연필 깎듯이 깎는다. 먼저 닦은 다음에 깎으면 밑동의 불순물이 주변에 퍼지기 때문에 이 순서대로 손질한다.

4 버섯 두께에 맞게 잘라서 모양을 정리한다.

2 젖은 면보로 위에서 아래로 부드럽게 닦는다. 반대방향으로 닦으면 표면이 상하기 때문에 주의한다.

5 버섯에 칼집을 낸다.

3 영귤을 얇고 둥글게 썬다.

6 칼집 낸 부분에 4의 영귤을 끼워 넣는다.

윗부분에 칼집을 내서 얇게 썬 영귤을 끼워 넣는다.

튀김의 기술

1 밀가루를 묻힌다. 칼집을 낸 곳에 밀가루가 들어가지 않도록 주의한다. 손바닥 위에서 살짝 턴다.

4 처음에는 작은 기포가 많이 생긴다. 소리가 나는 것은 영균의 수분 때문이다.

7 기름기를 빼고, 칼집 낸 부분을 벌릴 수 있게 칼집과 수직으로 반으로 자른다.

2 묽은 반죽에 넣어 튀김옷을 입힌다.

5 튀김옷이 굳어지기 시작하면 빙글빙글 돌리면서 튀긴다.

3 두꺼운 젓가락으로 잡고 반죽이 떨어지지 않도록 조심해서 170℃ 기름에 넣는다.

6 기포가 커지면 건진다.

잎새버섯 / Hen of the woods

야생 잎새버섯 중에 큰 것은 양손으로 들어야 할 정도로 크게 자라고 가격도 비싸다. 시중에 유통되는 잎새버섯에는 갓이 하얀 잎새버섯과 갓이 검은 잎새버섯이 있는데, 검은 잎새버섯은 하얀 잎새버섯보다 탄력이 있어서 식감이 좋고 향도 강하다. 여기서는 홋카이도산 야생 검은 잎새버섯을 사용하였다.

다른 버섯과 마찬가지로 수분이 많아서 이 수분이 빠져나가지 않게 튀기는 것이 포인트이다. 야생 버섯에서만 느낄 수 있는 자연스럽고 풍부한 향을 즐길 수 있다.

밑손질

잎새버섯은 칼로 자르면 조직이 상하기 때문에 손으로 찢어야 된다. 결을 따라 찢으면 향이 날아가지 않고 수분도 빠져나가지 않는다.

튀길 때도 감칠맛 나는 육즙이 빠져나가지 않게 주의하고, 조금이라도 빠져나온 육즙은 튀김옷에 흡수되게 한다. 튀김옷은 잎새버섯의 식감과 잘 어울리도록 두껍지 않게 조절한다. 향을 살리고 싶다고 튀김옷을 안 입히면 안 된다.

밀가루 → 반죽 묽음 → 기름 175℃

1 우선 손으로 찢어서 2등분한다. 이것을 다시 1인분씩 찢는다.

3 솔 등을 이용하여 갓 속의 흙이나 불순물을 꼼꼼히 털어낸다.

2 연필을 깎듯이 밑동을 깎아서 정리한다.

4 기둥에 붙어 있는 불순물은 젖은 면보로 깨끗이 닦아낸다.

잎새버섯 1인분. 세로로 찢어둔다.

튀김의 기술

1 잎새버섯 전체에 밀가루를 묻힌다.

4 1번 뒤집어서 튀김옷이 한쪽으로 쏠리지 않게 한다. 크기가 큰 재료를 튀길 때는 튀김옷이 한쪽으로 쏠리는 것을 주의해야 한다.

2 여분의 밀가루를 털고, 묽은 반죽에 넣어 튀김옷을 입힌다.

5 사진처럼 기포가 커지면 건진다. 버섯에 수분이 충분히 남아 있게 튀긴다. 튀기는 시간은 20~30초.

3 175℃ 기름에 넣는다. 그 이상 온도가 올라가면 잎새버섯의 향이 날아가고 맛도 변한다. 작은 기포가 많이 생긴다.

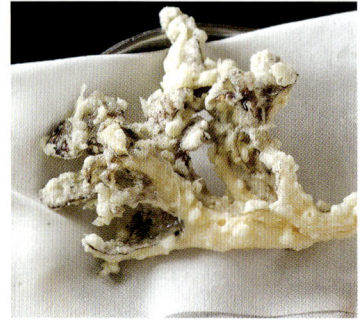

6 기름기를 뺀다.

Oak mushroom

표고버섯

튀김요리에는 원목재배한 표고버섯을 사용하는 것이 좋다. 균상재배한 표고버섯은 가열하면 수분이 빠져나와 수축되지만, 원목재배한 표고버섯은 육질이 도톰하고 균상재배한 버섯에 비해 수분이 적어서 튀겨도 수축되지 않는다. 그야말로 튀김용으로 적합한 표고버섯이다.

튀기는 도중에 위로 떠오르기 쉬우므로 골고루 익도록 앞뒤로 뒤집으면서 튀긴다. 또한 일정한 온도를 유지하지 않으면 기름을 흡수하기 때문에 주의해야 한다. 여기서는 이와테현 하치만타이산 표고버섯을 사용하였다.

원목재배한 표고버섯은 높은 온도에서 튀기는데, 가장 중요한 것은 일정한 온도를 유지하는 것이다. 표고버섯은 기름을 흡수하기 쉬우므로 기름 온도가 안정되지 않으면 안 된다.

또한, 육질은 도톰하지만 수분이 적기 때문에 남은 열로 익히는 것이 아니라 튀길 때 완전히 익혀야 한다. 주름부분에 향이 있어서 그 부분을 잘 튀겨야 향을 살릴 수 있다. 주름부분은 70%, 갓 부분은 30% 정도 익히면 적당하다.

수분이 많은 균상재배 표고버섯을 사용할 경우에는 낮은 온도에서 튀기는 것이 좋다.

밑손질

1 기둥이 붙어 있는 부분에 칼을 대고 돌리듯이 잘라서 떼어낸다.

3 칼등으로 갓을 두들겨서 불순물을 털어낸다.

2 갓 겉면은 젖은 면보로 닦는다.

밑손질을 마친 표고버섯.

튀김의 기술

1 표고버섯 갓의 겉면과 안쪽면에 밀가루를 묻히고, 두꺼운 젓가락으로 두드려서 여분의 밀가루를 털어낸다.

4 노릇노릇해지면 아랫부분이 위로 오게 뒤집는다. 기름 온도가 지나치게 올라가지 않도록 주의한다.

7 기름기를 뺀다. 부드럽게 튀겨진 표고버섯. 크기는 튀기기 전과 크게 달라지지 않았다. 반으로 잘라서 제공한다.

2 조금 되직한 반죽에 넣어 튀김옷을 입힌다.

5 다시 뒤집는다. 이 과정을 2~3번 반복하면서 튀긴다.

3 기름 온도는 180℃. 처음에는 기포가 조금 많이 생긴다. 온도를 계속 175℃로 유지하면서, 살짝 노릇해질 때까지 주름 있는 아랫부분을 먼저 충분히 튀겨서 향을 낸다.

6 기포가 거의 없어지면 건진다.

겨울

고구마
Sweet potato

〈곤도〉의 명물 고구마 튀김. 예로부터 고구마를 튀길 때는 얇게 잘라서 튀겼다. 그런데 고구마 튀김은 왜 군고구마에 비해 맛이 떨어지는지 의문이 생겨서 고구마의 특징을 연구한 끝에 만들어낸 것이 바로 이 고구마 튀김이다. 남은 열을 이용한 고구마 튀김의 단맛과 보송보송한 식감, 탁월한 볼륨감은 다른 어떤 튀김과도 비교가 안 된다.

여기서 사용한 고구마는 지바현 가토리산으로, 1kg 정도 되는 굵직한 고구마를 사용하였다. 굵은 원통모양의 튀김을 만들기 위해서는 큰 고구마가 필요하다.

튀기는 방법도 독특해서 고구마는 껍질을 벗기고 튀기는데, 170℃를 유지하기 위해 고구마가 반 정도 잠기도록 기름의 양을 조절한다. 고구마 겉면이 껍질처럼 노릇노릇해지게 튀긴 다음, 키친타월로 감싸서 남은 열로 보송보송하게 찐다.

겉은 군고구마 껍질처럼 노릇노릇하고, 속은 황금색으로 대비를 이루는 고구마 튀김이다.

군고구마처럼 튀기는데 찌는 과정을 추가하였다. 20~30분 정도 시간을 들여서 찌듯이 튀긴다. 기름 온도가 떨어지면 온도를 올릴 때까지 시간이 걸리므로 170℃를 유지하도록 주의한다.
고구마를 빙글빙글 돌려주면서 골고루 익힌다. 건질 때는 속까지 완전히 익히지 않는 것이 좋다. 키친타월로 감싸서 남은 열로 속까지 익힌다. 이렇게 하면 남은 열로 고구마의 온도가 10℃ 정도 올라간다.
익었는지 확인하기 위해 튀기는 중간에 꼬치로 찌르거나 하면, 그 틈으로 기름이 들어가므로 주의한다.

밑손질

1 고구마 양쪽 가장자리를 잘라낸다. 길이가 7cm 정도 되는 원통모양으로 만든다.

2 껍질을 돌려깎으면서 원통모양을 보기 좋게 잘 다듬는다.

껍질을 벗기고 깔끔한 원통모양으로 손질한 고구마.

튀김의 기술

1 전체적으로 밀가루를 묻히고, 여분의 밀가루를 털어낸다.

4 튀김옷이 흩어지고 작은 기포가 많이 생긴다. 튀김부스러기를 걷어낸다.

7 기포가 적어지면, 옆으로 눕혀서 옆면을 익힌다.

2 조금 묽은 반죽에 넣어 튀김옷을 입히고, 여분의 반죽을 털어낸다.

5 기포가 조금 커지고, 아래쪽 튀김옷이 굳어지기 시작하면 뒤집는다.

8 가끔씩 돌려주면서 골고루 노릇하게 튀긴다.

3 170℃ 기름에 고구마를 세워서 조심스럽게 넣는다.

6 다시 작은 기포가 많이 생긴다.

9 적당히 노릇노릇해지면 기포도 적어진다.

10 사진처럼 골고루 노릇해져야 한다.

13 튀김용 젓가락으로 12에서 표시해둔 가운데 부분부터 가른다.

11 건져서 키친타월로 감싼 다음, 15분 정도 남은 열로 그대로 찐다.

14 2등분한 고구마.

12 젓가락으로 가운데에 표시를 해둔다.

당근 *Carrot*

당근을 좋아하지 않는 사람을 위한 튀김. 곱게 채썬 당근이 짧은 시간 안에 고르게 익도록 흩어서 기름에 넣은 다음, 재빨리 한 덩어리가 되게 쌓아올려서 입체감을 살린다.

입안에서 사르르 풀어지는 식감으로, 튀김에 대한 일반 상식을 뒤집는 가키아게를 목표로 만들었다.

밑손질

기름에 넣었을 때 바로 흩어질 정도의 온도가 적당하다. 얇게 채썬 당근이 서로 조금씩 닿을 정도로만 흩어놓고, 당근 가닥을 골고루 바삭하게 익힌다. 조금씩 굳어지기 시작하면 젓가락으로 당근을 한 덩어리로 모은다. 모아서 높게 쌓아올리는데, 이 과정은 모두 단시간에 이루어져야 한다.

밀가루
▼
반죽
매우 묽음
▼
기름
170℃
(강)

1 굵기가 일정한 당근을 골라 5~6cm 길이로 토막낸다.

3 얇게 돌려깎는다.

2 껍질을 돌려깎아서 벗긴다. 얇은 식칼을 사용하면 잘 벗겨진다.

4 적당한 길이로 잘라서 겹친 다음, 결을 따라 얇게 채썬다.

얇게 돌려깎은 다음, 결대로 가늘게 채썬 당근. 1인분 분량.

튀김의 기술

1 기본 반죽에 달걀물을 넣어서 매우 묽게 조절한다.

4 1에서 묽게 만든 반죽에 3의 당근을 넣는다.

7 바로 떠올라서 둥글게 흩어진다. 이때의 반죽 상태와 시간으로 기름 온도를 판단한다. 170℃(강)로 조절한다.

2 다른 볼에 당근을 담고 밀가루를 넣는다.

5 튀김용 국자로 떴을 때 반죽이 밑으로 줄줄 흘러내릴 때까지 달걀물을 넣는다.

8 여분의 반죽을 털고 당근을 기름에 조심스럽게 넣는다.

3 당근에 밀가루를 골고루 묻힌다.

6 가열한 기름에 반죽을 조금 떨어뜨리면 잠시 가라앉는다.

9 튀김용 젓가락으로 당근을 흩어놓는다. 흩어졌지만 끝부분은 닿아있는 상태이다.

10 보기 좋게 흩어진 당근. 작은 기포가 많이 생긴다.

13 젓가락으로 조금씩 쌓아올려서 입체적으로 만든다.

11 젓가락으로 붙어 있는 당근을 흩어놓는다.

14 흩어져있는 당근을 남김없이 모은다.

12 흩어진 당근을 모아서 한 덩어리로 만든다. 기포가 적어지기 시작했다.

15 건져서 기름기를 뺀다.

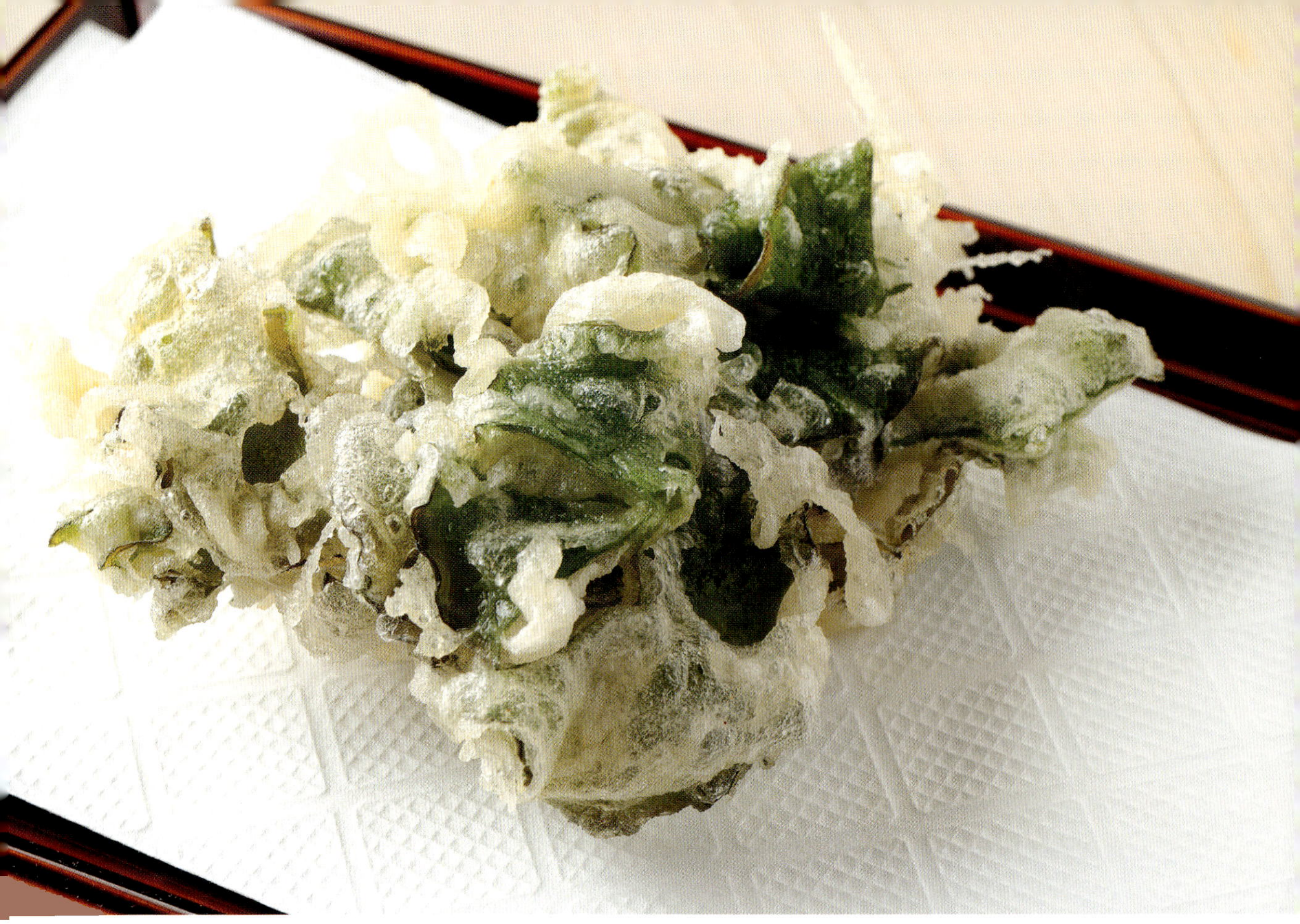

미역귀

Sea mustard

미역귀는 미역의 머리 부분으로 이곳에서 생식세포인 포자를 만든다. 겨울에만 맛볼 수 있는 미역귀 튀김은 익히지 않은 날것을 사용하는 것이 중요한데, 두툼한 미역귀를 튀기면, 수분을 그대로 유지한 채로 선명한 녹색으로 변한다.

밀가루를 너무 많이 묻히면 미역귀 고유의 맛과 색을 살릴 수 없다.

먼저 잘라놓은 미역귀를 기름에 넓게 펼쳐서 넣고 골고루 익힌 다음, 색깔이 선명해지면 젓가락으로 한 덩어리로 모은다. 높이가 있는 입체적인 가카아게를 만든다. 두툼한 미역귀에서 수분이 많이 빠져나가지 않도록 재빨리 튀긴다. 수분이 알맞게 빠져서 젓가락으로 들었을 때 가벼우면 건진다.

밑손질

튀김의 기술

4 튀김옷과 미역귀가 흩어진다. 미역귀를 젓가락으로 모은다.

1 물로 씻어서 불순물을 제거한다.

1 볼에 미역귀를 넣고 밀가루를 살짝 묻힌다.

5 작은 기포가 소리를 내면서 많이 생긴다.

2 물기를 빼고 줄기 주위에 붙어 있는 미역귀를 잘라낸다.

2 기본 반죽을 적당히 넣은 다음, 달걀물로 농도를 매우 묽게 조절한다. 미역귀 주름에도 반죽을 골고루 묻힌다.

6 기포가 적어지고, 아랫부분이 굳어지면 젓가락으로 뒤집는다. 170℃를 유지한다. 기포가 점점 커지면서 적어진다.

3 잘라낸 미역귀. 줄기는 사용하지 않는다.

4 먹기 좋게 한입 크기로 자른다.

3 튀김용 국자에 미역귀를 올려서 180℃ 기름에 조심스럽게 넣는다.

7 다시 한 번 뒤집는다. 기포가 커지고 잦아들면 건져서 기름기를 뺀다.

소귀나물

Sagittaria trifolia var. sinensis

소귀나물은 '자고'라고도 하며 땅속줄기가 옆으로 뻗으면서 끝에 덩이줄기가 달리는데, 이 덩이줄기를 약이나 음식으로 먹는다. 초가을~봄까지 수확하는데, 일본에서는 설날 음식에 빠지지 않는 식재료여서 겨울철 튀김 재료로 사용한다.

청색 소귀나물과 흰색 소귀나물이 있는데, 시중에 유통되는 것은 대부분 청색 소귀나물이다. 조릴 때는 알싸한 맛을 제거하고 사용하지만, 튀길 때는 그대로 사용한다.

알싸한 맛을 부드럽게 만들기 위해서 밀가루와 튀김옷을 입히지 않고 높은 온도에서 스아게로 튀긴다. 튀김옷을 입히면 소귀나물의 알싸한 맛이 남고, 튀김옷을 입히지 않고 너무 오래 튀기면 소귀나물 특유의 알싸한 맛이 모두 달아나므로 주의한다.

재료에 튀김옷을 입히지 않고 그대로 스아게로 튀기기 때문에 타지 않도록 주의하면서 오래 튀긴다. 싹 부분은 바삭하고 고소하게 튀긴다.

기름
170℃

밑손질

육각형으로 두껍게 껍질을 벗긴 소귀나물 덩이줄기.

튀김의 기술

1 밑동을 평평하게 자른다.

1 싹을 잡고 세워서 170℃ 기름에 넣는다.

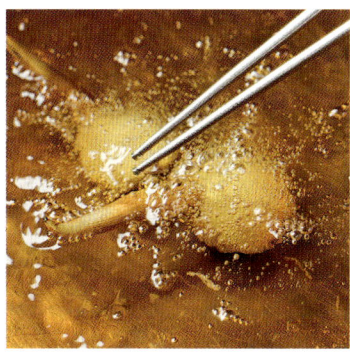

4 가끔씩 뒤집는다. 점점 기포가 적어진다.

2 육각형이 되도록 뿌리에서 싹쪽으로 껍질을 두껍게 벗긴다.

2 기포가 생기기 시작한다. 세워서 넣은 소귀나물이 쓰러지기 직전에 기포가 많이 생긴다.

5 싹이 위로 떠오르기 시작하면 건진다. 너무 오래 튀기면 특유의 알싸한 맛이 달아난다.

3 쓰러진 상태로 속까지 오래 익힌다.

6 건져서 기름기를 뺀다. 싹에서 고소한 향이 난다.

유채

Rape

봄의 향기를 한 발 먼저 느낄 수 있는, 11월 하순~12월에 등장하는 튀김 재료이다. 튀김을 보기 좋게 완성하기 위해서, 꽃에 가까이 붙어 있는 잎 1~2장을 남기고 큰 잎은 적당히 떼어낸다. 초록잎을 생생하게 살려서 튀기는 것이 중요하다.

　얇은 잎이 타지 않게 하려고 기름 온도를 너무 낮추면, 튀겨진 잎모양이 시들해 보이므로 주의한다.

잎이 자연스럽게 펼쳐지도록 잎 끝부분부터 기름에 넣는다. 처음 온도는 너무 낮지 않게 하고, 잎 상태를 보고 익은 정도를 판단한다.

너무 바삭하지 않게 튀기고, 유채의 촉촉함을 적당히 살린다.

밀가루 → 반죽 되직함 → 기름 170℃

밑손질

잎을 적당히 떼어내고,
10cm 정도로 잘라서 손질한 유채.

튀김의 기술

1 큰 잎을 손으로 떼어낸다. 꽃에 가깝게 붙어 있는 잎 중에서 작고 보기 좋은 잎만 골라 1~2장 남겨둔다.

1 줄기를 손으로 잡고 전체에 밀가루를 얇게 묻힌다.

4 사진처럼 기포가 잦아들면 뒤집는다.

2 줄기 길이가 10cm 정도가 되도록 끝을 잘라서 정리한다.

2 되직한 반죽에 넣고 튀김옷을 입힌 다음, 170℃ 기름에 잎이 자연스럽게 펴지도록 끝부분부터 넣는다.

5 잎이 적당히 익으면 건진다.

3 기포가 많이 생기는데 잠시 그대로 둔다.

6 기름기를 뺀다.

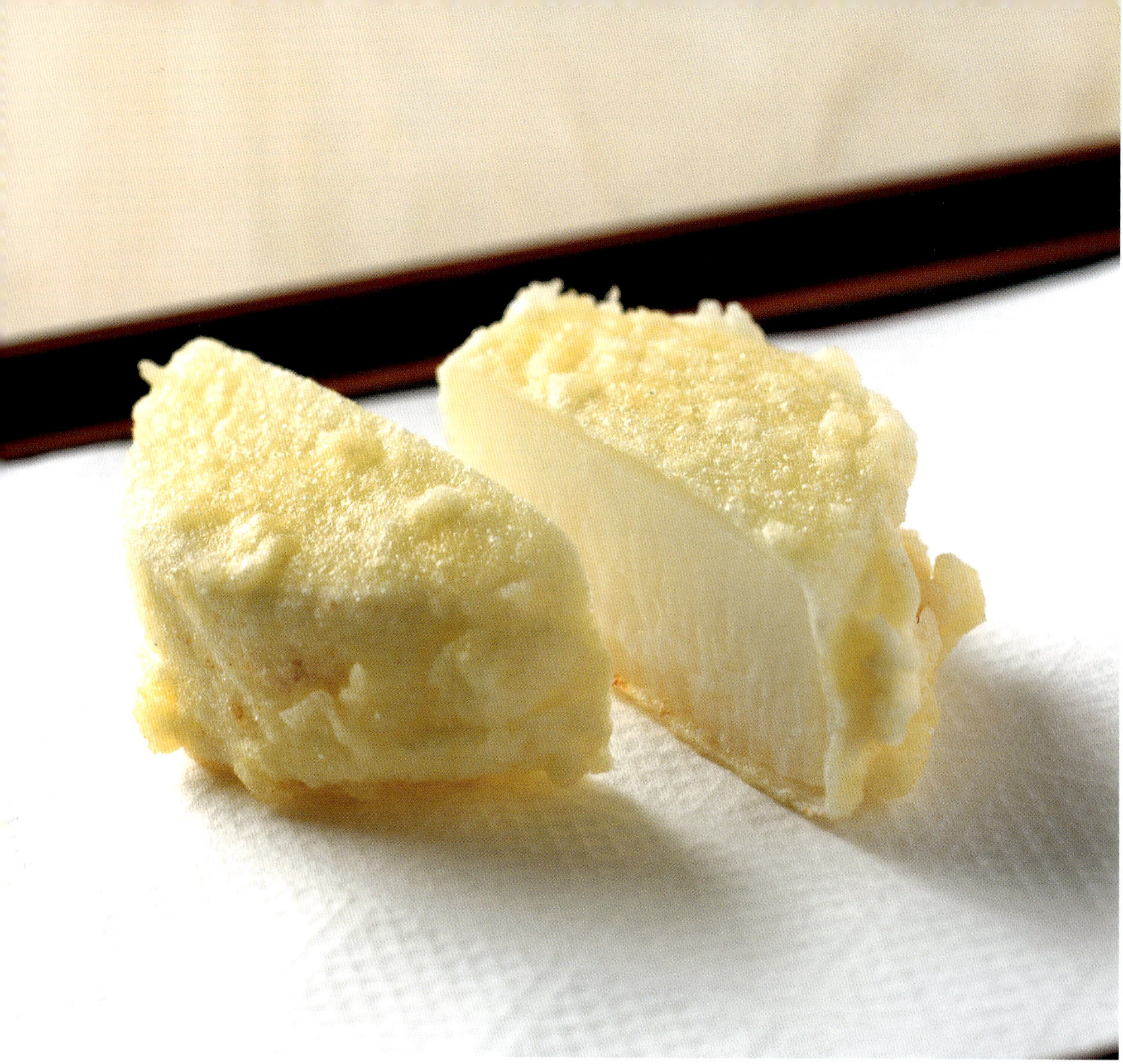

장마

Chinese yam

장마의 특징은 점성과 단맛이다. 잘라놓으면 맛이 떨어지므로 자르지 않은 것을 구입해서 사용하는 것이 좋다.

길게 결을 따라서 두툼하게 잘라 보송보송한 식감을 살린다. 튀기면 찰기는 없어지지만 가열에 의한 맛의 변화를 즐길 수 있다. 너무 익히면 수분이 날아가서 퍼석퍼석해진다. 여기서는 마의 아삭아삭한 식감을 살려서 튀겼다.

또한 가열에 의해 수분과 함께 흘러나온 감칠맛이 튀김옷에 배기 때문에 튀김옷이 맛있어진다.

충분히 오래 튀겨서 속까지 익히는데, 겉은 보송보송하고 속은 아삭아삭하게 튀긴다.

밀가루 ▶ 반죽 조금 되직함 ▶ 기름 180℃ → 175℃

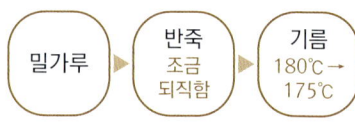

밑손질

밑손질을 마친 장마.

튀김의 기술

1 가장자리를 잘라내고, 두께가 일정한 부분만 사용한다. 2~3cm 두께로 둥글게 썬다.

1 밀가루를 골고루 얇게 묻힌다.

4 위쪽 튀김옷이 굳어지면 뒤집는다.

2 2조각을 한꺼번에 잡고 돌려깎아서 껍질을 얇게 벗긴다.

2 기본 반죽보다 조금 되직하게 조절한 반죽에 넣어 튀김옷을 입힌다.

5 기포가 커지면서 적어지고, 위로 떠오르기 시작하면 건진다.

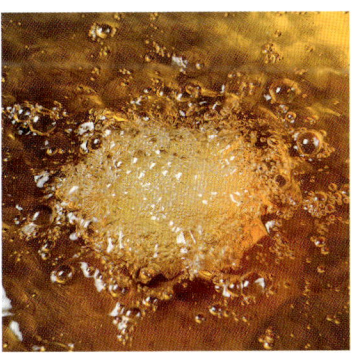

3 180℃ 기름에 넣는데, 처음에는 밑으로 가라앉는다. 이후 175℃를 유지한다.

6 기름기를 뺀다.

튀김용 맛국물

튀김용 맛국물

튀김을 찍어 먹는 간장을 '덴쓰유[天つゆ]', 튀김덮밥인 덴동[天丼]에 올리는 튀김을 적시는 간장을 '돈쓰유[丼つゆ]', 튀김을 올린 밥에 녹차를 넣은 국물을 부어 먹는 덴차[天茶]용 맛국물을 '차다시[茶だし]'라고 한다. 덴쓰유, 돈쓰유, 차다시를 만드는 데 기본이 되는 튀김용 맛국물은 가쓰오부시와 다시마로 만드는데, 가다랑어 등쪽 부위를 말려서 만든 '오부시'를 사용한다. 가쓰오부시는 매일 아침 1토막씩 가쓰오부시용 대패로 두툼하게 밀어서 사용한다.

튀김에 곁들이는 것이므로 튀김의 맛을 방해하지 않도록 향이 지나치게 강하지 않은 개운한 맛의 맛국물을 만들어야 한다.

가쓰오부시
오부시를 대패로 두툼하게 깎아놓은 모습. 모든 맛국물에 이 가쓰오부시를 사용한다.

참다시마
차다시용 맛국물을 만들 때 사용한다.

덴쓰유

튀김은 취향에 따라 소금이나 튀김 간장인 덴쓰유에 찍어 먹는다. 덴쓰유를 만들 때는 재료의 맛과 향을 살리기 위해, 설탕을 넣지 않고 맛술만 넣어 단맛을 억제한다. 보통 덴쓰유는 상온으로 내는데 덴쓰유가 차가우면 튀김이 식고, 반대로 뜨거우면 튀김옷이 퍼지기 때문이다. 상온에 둔 덴쓰유에 갓 튀겨낸 튀김을 살짝 찍어서 먹는 것이 가장 좋다. 간 무를 곁들이면 더 맛있게 먹을 수 있다.

물 800cc

맛술 200cc

가쓰오부시 1줌

간장(고이구치) 200cc

덴쓰유

2 국물이 끓어올라서 표면이 기포로 덮일 때까지 끓인다.

4 다시 끓여서 기포가 가득 차면, 불을 끄고 5분 정도 그대로 둔다.

1 물에 맛술을 섞고 가쓰오부시를 넣어 불에 올린다.

3 표면이 기포로 덮이면(맛술의 알코올 성분이 날아가면) 간장을 넣는다.

5 면보를 깐 체에 거른다.

돈쓰유

튀김덮밥인 덴동용 간장으로, 덴동을 만들 때 가키아게를 돈쓰유에 적셔서 밥 위에 올린다. 덮밥에 사용하는 간장이므로 진하게 맛을 내는 것이 중요하다. 또한 감칠맛을 내기 위해 여기서는 청주를 사용하였다.

돈쓰유는 오래 전에 만든 것을 계속 사용해오는 것으로, 1/3 정도 남았을 때 새로 만들어서 보충한다. 영업 전에 반드시 중탕으로 데운 다음, 식혀서 상온에 두고 사용한다.

청주 1리터
맛술 400cc
물 600cc
가쓰오부시 1.5줌
간장(고이구치) 600cc

돈쓰유

1 청주와 맛술을 섞고 센 불에 끓여서 냄비 안에 불을 붙여 알코올 성분을 완전히 날린다.

2 불꽃이 완전히 사라질 때까지 계속 끓인다. 알코올 성분이 남아 있으면 술의 씁쓸한 맛이 남아서 맛이 좋지 않다.

3 불꽃이 완전히 사라지면 물을 넣는다.

4 바로 가쓰오부시를 넣는다.

5 기포가 표면을 가득 덮을 때까지 끓인다.

6 바로 간장을 넣고 계속 끓여서 간장 특유의 냄새를 없앤다.

7 다시 기포가 표면을 덮으면 원래 사용하던 덴쓰유를 넣는다.

8 끓어오르면 불을 끄고 5분 정도 그대로 둔다. 끓이지 않으면 원래 사용하던 덴쓰유와 어우러지지 않는다.

9 국자로 거품을 걷어낸다.

10 면보를 깐 체에 거른다.

덴동

튀김의 마무리로 먹는 식사로 덴동과 덴차를 준비하여 손님들이 기호에 맞게 선택하도록 한다.
덴동이나 덴차에는 가리비 관자로 만든 가키아게를 올린다.
덮밥용 가키아게는 덴쓰유와 잘 어울리도록 바삭하고 고소하게 튀기고,
갓 튀겨낸 따뜻한 가키아게를 덴쓰유에 담갔다 꺼내서 뜨거운 밥 위에 올린다.
덴동 세트에는 미소국과 채소절임을 곁들인다.

차다시

덴차에 넣는 차다시는 다시마 국물에 소금을 조금 넣고, 호우지차 잎을 넣어서 우려낸다. 호우지차를 사용하면 깔끔한 맛을 낼 수 있다. 고소한 향을 살리기 위해서 그때그때 차다시를 만든다.

차다시용 맛국물

차다시

차다시용 맛국물 400cc
- 물 6리터
- 참다시마 가로세로 10cm 1장
- 가쓰오부시 2.5줌
- 호우지차(찻잎) 2큰술
- 소금 1작은술
- 간장(고이구치) 1작은술

차다시용 맛국물

1. 냄비에 물과 다시마를 넣은 다음 불에 올린다.

2. 사진처럼 냄비 바닥에서 기포가 올라온다.

3. 기포가 올라오면 가쓰오부시를 넣는다.

4. 다시 기포가 표면을 덮으면 불을 끈다.

5. 한 김 식힌 다음 국자로 거품을 걷어낸다.

6. 5분 정도 그대로 둔다.

7. 체에 거른다.

차다시

8. 체에 거른 차다시용 맛국물에 향과 감칠맛을 더하기 위해 간장과 소금을 넣고 맛을 본다. 맑은 국 정도로 간을 맞춘다.

9. 호우지차를 넣고 한소끔 끓인 다음 불을 끈다.

10. 바로 체에 걸러서 찻주전자에 담는다.

덴차

밥 위에 가키아게를 올린 다음, 뜨거운 차다시를 붓는다. 덴차용으로 만든 고바시라(개량조개 관자) 가키아게는 먹을 때 술술 풀어질 정도도 부드럽게 튀기는 것이 비결이다.

덴차 세트. 바로 간 와사비를 작은 그릇에 따로 담아 곁들이고, 새로 만든 고소한 차다시를 함께 낸다.

튀김 도구

튀김용 젓가락
오른쪽의 나무로 만든 두꺼운 젓가락은 달걀물에 밀가루를 넣고 섞을 때 사용한다. 끈기가 생기지 않게 대충 섞어야 하므로, 두께가 두꺼운 것을 사용한다.
왼쪽의 금속으로 만든 젓가락은 기름에 넣은 튀김을 뒤집거나 건져낼 때 사용한다. 일반 젓가락보다 긴 것을 사용한다.

냄비
구리에 주석을 섞은 금속으로 만든 청동냄비를 사용한다. 청동냄비는 열전도율이 좋고 보온성도 뛰어나다. 지름 36cm, 깊이 7cm의 냄비를 사용한다. 기름을 여러 번 교환해야 하므로 너무 깊으면 경제적이지 않다. 튀김옷이 냄비 바닥에 닿으면 튀기기 어려우므로, 닿지 않을 정도로 기름을 넣어서 사용한다.

틀
밑손질을 마친 튀김 재료를 틀 위에 올려서 준비한다. 틀에 놓인 재료를 집어서 밀가루를 묻히고 튀김옷을 입힌다. 겹쳐서 보관할 수 있다.

국자
밀가루에 달걀물을 넣어서 반죽할 때 사용한다. 깊지 않은 얕은 국자를 사용하여 조금씩 넣으면 미묘한 농도 차이를 맞출 때 편리하다.

거름망 · 튀김부스러기통
흩어진 튀김부스러기를 건져내는 거름망과 건져낸 튀김부스러기를 넣는 통. 크기는 여러 가지이므로 튀기는 장소에 맞는 크기를 고른다. 거름망은 영업 중에 냄비 바닥에 붙은 튀김옷을 떼어낼 때 사용하므로 튀김 냄비 모양에 맞는 것을 고른다. 튀김부스러기통과 거름망은 모양과 크기가 서로 맞는 것이 좋다. 〈곤도〉에서는 중간 크기 제품을 사용한다.

튀김용 국자
가키아게를 튀길 때나 여분의 반죽을 털어낼 때 구멍 있는 튀김용 국자를 사용한다. 달걀물을 조금씩 반죽에 넣어 농도를 조절할 때 사용하기도 한다.

튀김용 트레이
완성된 튀김을 올려서 기름기를 빼기 위한 대형 트레이. 튀김을 비스듬히 세워놓으면 기름기가 잘 빠진다. 튀김이 잘 세워지도록 뒤쪽이 조금 높다.

튀김용 트레이(카운터용)
크기가 작은 트레이로, 이 위에 종이를 깔고 튀김을 올려서 기름기를 뺀 다음 카운터의 손님들에게 바로 제공한다.

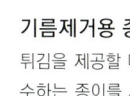

기름제거용 종이
튀김을 제공할 때는 접시에 종이를 깔고 튀김을 올리는데, 기름기를 잘 흡수하는 종이를 사용해야 한다. 종이가 기름에 찌드는 것이 싫어서 기름이 잘 스며들지 않는 매끈매끈한 종이를 사용하는 음식점도 있는데, 그러면 튀김에 기름이 스며들기 때문에 피하는 것이 좋다. 기름이 조금씩 배는 것은 어쩔 수 없지만 자주 교체해야 한다.

체
튀김에 사용하는 밀가루(박력분)를 곱게 치는 도구.

거품기
반죽을 만들 때 사용한다. 너무 많이 저으면 글루텐이 형성되므로, 거품기로 빙글빙글 8자를 그리듯이 밀가루와 달걀물을 섞는다. 예전에는 글루텐이 형성되지 않도록 두꺼운 젓가락을 사용하였다. 거품기의 크기는 사용하는 볼에 맞춰 고른다.

고무주걱
기름을 교체할 때 냄비 바닥에 가라앉은 튀김부스러기를 긁어내는 데 사용한다.

금속주걱
오코노미야키나 몬자야키를 만들 때 사용하는 금속주걱을 튀김집에서는 청소도구로 사용한다. 냄비 겉면이나 조리대 위에 떨어진 반죽과 밀가루 등을 제거하는데 사용한다.

INDEX – 가나다순

가리비 관자	p.84	밤	p.178	연근	p.160
감자	p.104	백합 뿌리	p.180	영콘	p.114
갑오징어	p.30	백합	p.36	오크라	p.162
개량조개 관자	p.33	뱀밥	p.132	오크라꽃	p.164
갯방풍	p.124	뱅어	p.38	옥수수	p.166
갯장어	p.46	벚꽃새우	p.40	원추리꽃	p.184
고구마	p.202	베도라치	p.56	유채	p.214
고시아부라	p.126	보리멸	p.59	으름	p.170
굴	p.87	보리새우	p.62	은행	p.172
그린 아스파라거스	p.107	복어 이리	p.92	잎새버섯	p.196
꼬투리강낭콩	p.146	붕장어	p.94	작은 보리새우	p.69
나도팽나무버섯	p.188	빙어	p.42	장마	p.216
누에콩	p.109	산마늘	p.134	전복	p.72
단호박	p.148	새끼 갑오징어	p.66	주키니	p.116
당근	p.206	새끼 뱅어	p.97	죽순	p.118
대구 이리	p.90	새끼 은어	p.44	쥐치	p.99
동갈양태	p.50	생강	p.156	차즈기	p.121
두릅	p.127	섬조릿대	p.158	참마 주아	p.186
만가닥버섯	p.191	소귀나물	p.212	청나래고사리	p.144
머위 꽃봉오리	p.129	송이버섯	p.193	파드득나물	p.174
멧미나리	p.131	시도케	p.136	표고버섯	p.199
문절망둑	p.80	야생 땅두릅나물	p.137	풀솜대	p.145
미니 양파	p.152	야생 파드득나물	p.141	하무가지	p.176
미니 피망	p.154	야치부키	p.143	흰꼴뚜기	p.76
미역귀	p.210	양하	p.112		
바윗굴	p.53	엉겅퀴 뿌리	p.182		

튀김 요리사에게 가장 중요한 것은,

마지막으로, 튀김 요리사로서 제가 항상 마음에 새기는 것, 중요하게 생각하는 것들을 정리해보았습니다. 같은 튀김전문점이라고 해도 가게마다 나름의 작업 방식이 있기 때문에 차이가 있을지도 모르겠지만, 튀김을 만드는 요리사라면 공감할 수 있는 이야기라고 생각합니다.

1. 카운터에 설 때는 항상 냉정해야 합니다

침착하고 냉정한 상태에서 카운터에 서지 않으면 손님의 상태를 살피거나 마음을 읽는 것이 불가능합니다. 이것이 안 된다면 손님을 기쁘고 즐겁게 해드리는 것도 불가능합니다. 뛰어난 튀김 요리사는 단순히 빨리 튀기기만 하면 되는 것이 아니기 때문입니다.

    손님의 말과 태도에 휘둘려서 마음이 평온하지 않으면 튀김도 맛있게 튀길 수 없습니다. 왜냐하면 맛에는 마음이 그대로 나타나기 때문입니다.

2. 15석 전체의 타이밍을 고려해서 일의 흐름을 종합적으로 구성해야 합니다

튀김을 튀기는 기술도 어렵지만 가게를 운영하면서 알맞는 타이밍을 찾는 일도 복잡한 기술이 필요하고 어려운 일입니다. 손님 수가 늘어나면 늘어나는 만큼 어려워집니다.

    타이밍을 찾는다는 것은 여러 가지 능력이 필요한 복잡한 기술입니다.

    적절한 온도와 기름 상태, 재료를 들었을 때의 무게나 수분 함유량 등을 정확하게 아는 것도 기술이지만, 그 기술을 마스터한 후에 카운터에서 튀기는 타이밍을 잘 관리하는 것도 중요합니다.

    〈곤도〉에서는 하룻동안 어패류 약 12종과 채소류 약 15종 등 상당히 많은 재료를 튀김용으로 준비합니다.

    종류가 많기 때문에 정식 이외에 단품 손님이 있을 경우, 냄비에 재료를 넣는 타이밍을 맞추기가 매우 어려워집니다. 15명의 손님이 모두 다르기 때문에 각각의 손님에게 딱 맞는 타이밍을 맞추는 것이 결코 쉬운 일은 아니지만, 갓 튀겨낸 맛있는 튀김을 제공해야 하는 튀김전문점에서 타이밍은 손님을 만족시키기 위한 가장 중요한 요소입니다.

예를 들어, 누에콩이나 옥수수는 온도를 일정하게 유지하지 않으면 터지기 쉬운 재료입니다. 따라서 이것만 따로 튀겨야 하기 때문에 작업의 흐름 속에 끼워 넣기 어렵습니다.

이렇듯 튀길 때 온도에 주의하지 않으면 안 되는 재료는 이밖에도 많이 있습니다. 이것들을 잘 조합하여 하나의 흐름으로 만들어서 막힘없이 제공해야 합니다. 그러기 위해서 저는 냄비를 2개 준비해서 가능한 한 흐름이 끊기지 않도록 매끄럽게 연결하여 튀김을 제공하고 있습니다.

그 날 준비한 재료를 모두 맛보고 싶어하는 단품 손님이 있다면, 정식을 기본으로 하고 그 외의 튀김을 적당히 곁들이면 됩니다. 이 손님에게는 정식과는 조금 다른 특별한 것을 먹고 있다는 우월감을 느끼게 해주는 것도 필요하기 때문입니다.

먹는 속도도 손님마다 제각각입니다. 속도가 빠른 손님의 경우 7~9가지의 튀김을 먹는 데 20분 정도 걸립니다. 이런 경우에는 함께 자리한 다른 손님의 기분이 상하지 않게 튀김을 제공하는 배려도 필요합니다.

또한 대화에 열중하거나 술을 마시느라 속도가 느려지는 손님도 있습니다. 이런 경우에는 종이를 새것으로 바꿔주는 등의 행동으로 다시 속도를 내게 합니다. 자신의 튀기는 속도에 손님이 따라올 수 있도록 조절하는 노력도 중요합니다. 속도가 느린 손님일 경우에는 일단 튀기는 작업을 멈추는 것도 필요합니다.

이렇게 타이밍을 맞추는 감각과 배려하는 자세는 계속 유지하지 않으면 둔해집니다. 튀김 기술이 뛰어난 사람이 가게를 옮겨서 적은 손님을 상대로 일을 하게 되면 몸도 마음도 그에 맞춰 둔화되게 마련입니다.

몇 년이 지나 다시 손님이 많은 가게로 옮기게 될 경우, 다시 카운터에서 일하는 것이 쉽지 않을 것입니다. 모든 손님을 빠짐없이 배려하면서 정확한 타이밍을 맞추는 감각이 둔화되었기 때문입니다.

3. 손님이 기쁜 마음으로 돌아갈 수 있게 합니다

카운터에 서면 손님의 취향과 먹는 습관 등을 빠른 시간 안에 파악하고 일을 진행하지 않으면 안 됩니다.

예를 들어 접시에 튀김이 1개 남아 있다고 가정하면, 이 튀김을 손님이 싫어해서 남긴 것인지, 또는 좋아하는 것이라 남겨두었다가 마지막에 먹으려고 하는 것인지 판단하기 어려울 때가 있습니다. 그 후로 1, 2종류의 튀김을 더 제공할 때까지도 계속 남아있다면 싫어하는 튀김일 수 있습니다.

이럴 때는 종이를 교체하려는 행동을 취해봅니다. 그러면 '이제 먹을 거예요'라는 뜻을 전해올지도 모릅니다. 또는 그대로 가져가도 좋다고 할 수도 있습니다.

이렇게 해서 파악한 싫어하는 재료의 종류는 잘 기억해야 합니다. 같은 손님이 다음에 또

오시면 그 재료를 제공하지 않도록 하고, 비슷한 종류를 내는 일이 없도록 주의해야 하기 때문입니다.

또한, 가게에는 남녀노소 다양한 손님이 찾아옵니다. 이런 손님들에게 가장 좋은 방법으로 잘 대접하고 싶은 것이 저희들의 마음입니다.

예를 들어 아스파라거스는 1개를 자르지 않고 그대로 제공했을 때 가장 맛있지만, 손님이 고령일 경우에는 먹기 힘들 수도 있습니다. 이런 손님에게는 한입 크기로 잘라서 튀긴 것을 제공합니다. 단, 고령의 신사가 젊은 여성과 함께 식사를 하러 온 경우에는 이런 판단이 매우 어렵습니다. 연령을 고려하지 않는 것이 좋을 때도 있는 것입니다.

4. 느끼하지 않은 튀김을 만듭니다

튀김은 튀김옷을 입혀서 기름에 튀기기 때문에 당연히 칼로리가 높아집니다. 요즘의 건강 트렌드에 상반되는 이미지가 강한 음식이지요.

이런 이미지를 불식시키기 위해서는 느끼하지 않고 산뜻하게 튀기는 것이 중요합니다.

튀김 재료에 알맞은 튀김옷을 입히고, 알맞은 온도에서 튀기면 같은 튀김이라도 칼로리의 차이가 커집니다. 이 책에서 소개한 튀김의 기술은 느끼하지 않고, 가볍게 먹을 수 있는 튀김을 만드는 방법입니다. 우리들은 튀김의 이미지를 향상시키기 위해서라도 제대로 튀기지 않으면 안 되는 것입니다.

튀김옷이나 기름만이 아닙니다. 날씨에 따라서도 튀김의 완성도가 달라집니다. 기압의 변화 때문이라고 생각합니다만, 늘 하던 방법으로 튀겨도 좀 더 무겁게 튀겨지는 경우가 있습니다. 이런 날은 다음날 비가 내리곤 합니다. 카운터에 설 때는 오늘의 날씨도 염두에 두지 않으면 안 됩니다.

이 책에서는 〈덴푸라 곤도〉에서 매일 이루어지는 작업과 제가 오랜 시간 갈고닦은 기술을 사진과 글로 자세히 설명하였습니다. '튀김'이라는 일본의 식문화를 가능한 한 정확하게 세계에 알리고, 후세에 전달하기 위해서입니다.

앞으로도 현재의 튀김에 머무르지 않고 항상 새로운 재료를 찾아서 신선한 발상으로 맛있는 튀김을 계속해서 만들고 싶습니다. 이것이 저의 천직이라고 생각합니다. 시대가 변해도 〈곤도〉를 찾아주신 손님들이 진심으로 만족하고 맛있게 먹을 수 있는, 그런 튀김을 계속 만들고 싶습니다.

덴푸라 곤도[てんぷら 近藤] 곤도 후미오[近藤文夫]

지은이 _ 곤도 후미오 [近藤文夫]

1947년 도쿄 출생. 18세에 야마우에 호텔(도쿄·오차노미즈)에 입사하여 같은 호텔 내의 튀김전문점 〈와쇼쿠 덴푸라 야마노우에〉에서 배우기 시작하였다. 23세에 요리장으로 취임, 이후 20여 년 동안 근무하며 〈와쇼쿠 덴푸라 야마노우에〉의 명성을 쌓았다. 1991년에 독립하여 도쿄 긴자에 〈덴푸라 곤도〉를 오픈하고, 2004년에는 입점한 빌딩의 리모델링으로 9층으로 이전, 확장하였다. 점심은 2회전, 저녁은 항상 만석이 될 정도로 성황을 이루고 있으며, 세계 각국에서 곤도의 덴푸라를 맛보기 위해 찾아온 손님도 많다. 또한, TV와 잡지에서도 활동 중이며, 미식가로 유명한 고 이케나미 쇼타로와의 인연으로 TV 드라마로 방영된 소설 『검객상매』에 나오는 여러 가지 요리를 재현하는 『검객총채』라는 프로그램에서 요리를 담당하였다. 주요 저서로 『이케나미 쇼타로에게 보내는 오세치(筑摩書房)』, 『이케나미 쇼타로의 식탁(공저/新潮文庫)』, 『검객상매 요리력(新潮文庫)』 등이 있다.

덴푸라 곤도 [てんぷら近藤]

도쿄도 주오구 긴자 5-5-13 사카구치빌딩 9F [東京都 中央区 銀座 5-5-13 坂口ビル 9階]
TEL 03-5568-0923

옮긴이 _ 용동희

다양한 분야를 넘나들며 활동하는 푸드디렉터. 메뉴 개발, 제품 분석, 스타일링 등 활발한 활동을 이어가고 있다. 현재 콘텐츠 그룹 CR403에서 요리와 스토리텔링을 담당하고 있으며, 그린쿡과 함께 일본 요리책을 한국에 소개하는 요리 전문 번역가로도 활동하고 있다.

TENPURA NO ZENSHIGOTO by Fumio Kondo
Copyright ⓒ Fumio Kondo 2013
Original Japanese edition published by Shibata Publishing Co., Ltd., Tokyo.
All rights reserved.
This Korean language edition is published by arrangement
with Shibata Publishing Co., Ltd., Tokyo in care of Tuttle-Mori Agency, Inc., Tokyo
through ENTERS KOREA CO., LTD., Seoul.
Korean translation rights ⓒ 2015 by Donghak Publishing Co., Ltd.

이 책의 한국어판 저작권은 (주)엔터스코리아를 통해 저작권자와 독점 계약한 (주)동학사(그린쿡)에 있습니다.
저작권법에 의하여 한국 내에서 보호를 받는 저작물이므로 무단전재와 무단복제, 광전자 매체 수록 등을 금합니다.

일본 최고의 튀김명인에게 배우는

튀김의 기술

펴낸이	유재영	기획	이화진
펴낸곳	그린쿡	편집	박선희
지은이	곤도 후미오	디자인	임수미
옮긴이	용동희		

1판 1쇄   2015년 8월 10일
1판 11쇄 2024년 9월 13일

출판등록 1987년 11월 27일 제10-149

주소   04083 서울 마포구 토정로 53(합정동)
전화   324-6130, 324-6131
팩스   324-6135
E-메일   dhsbook@hanmail.net
홈페이지 www.donghaksa.co.kr/www.green-home.co.kr
페이스북 www.facebook.com/greenhomecook
인스타그램 www.instagram.com/__greencook

ISBN 978-89-7190-490-9 13590

• 이 책은 실로 꿰맨 사철제본으로 튼튼합니다.
• 잘못된 책은 구매처에서 교환하시고, 출판사 교환이 필요할 경우에는
  사유를 적어 도서와 함께 위의 주소로 보내주세요.

GREENCOOK은 최신 트렌드의 요리, 디저트, 브레드는 물론 세계 각국의 정통 요리를 소개합니다.
국내 저자의 특색 있는 레시피, 세계 유명 셰프의 쿡북, 전 세계의 요리 테크닉 전문서적을 출간합니다.
요리를 좋아하고, 요리를 공부하는 사람들이 늘 곁에 두고 활용하면서 실력을 키울 수 있는
제대로 된 요리책을 만들기 위해 고민하고 노력하고 있습니다.